苏州教育信息化
Suzhou Educational Informatization

SMART LEARNING

慧学

◎ 苏州市电化教育馆　编

苏州大学出版社
Soochow University Press

图书在版编目(CIP)数据

慧学:苏州教育信息化/苏州市电化教育馆编. --苏州:苏州大学出版社,2022.11
ISBN 978-7-5672-4085-8

Ⅰ.①慧… Ⅱ.①苏… Ⅲ.①地方教育－信息化－研究－苏州 Ⅳ.①G527.53

中国版本图书馆CIP数据核字(2022)第198547号

责 任 编 辑：征慧
装 帧 设 计：吴钰

书　　　名：	慧学：苏州教育信息化 HUIXUE:SUZHOU JIAOYU XINXIHUA
编　　　者：	苏州市电化教育馆
出 版 发 行：	苏州大学出版社（Soochow University Press）
社　　　址：	苏州市十梓街1号　　邮编：215006
出 版 人：	盛惠良
印　　　刷：	苏州市深广印刷有限公司
开　　　本：	787 mm×1 092 mm　1/16
印　　　张：	13.75
插　　　页：	2
字　　　数：	251千
版　　　次：	2022年11月 第1版
印　　　次：	2022年11月第1次印刷
书　　　号：	ISBN 978-7-5672-4085-8
定　　　价：	30.00元

图书若有印装错误，本社负责调换
苏州大学出版社营销部　电话：0512-67481020
苏州大学出版社网址　http://www.sudapress.com
苏州大学出版社邮箱　sdcbs@suda.edu.cn

《慧学：苏州教育信息化》编委会

委 员
（按姓氏笔画排序）

王云峰　　王润清　　王毣春　　华　露　　孙建荣　　严喜春　　肖年志
张　卉　　张　辉　　张兰娟　　张锐军　　罗　星　　赵　鸣　　俞　伽
顾瑞华　　唐　玮　　曹海榕　　龚宇丰　　薛　峰

编 务
（按姓氏笔画排序）

王　颖　　王建梅　　吕晓棠　　华　露　　宋家林　　周红涛　　姚丽影
耿艺匀

目录

行政指导

苏州市教育信息化"十三五"工作汇报 / 苏州市电化教育馆 苏州市教育信息中心 （002）

课题研究

苏州市教育类微信公众号发展现状分析及对策建议 /《后疫情时代苏州教育舆论环境中师生媒介素养的引导与提升》项目课题组 （012）

区域经验

基于教育信息化的"姑苏生成"——浅谈姑苏区教育信息化发展经验 / 邹　泓 （017）
围绕"智慧教育"的区域实践探索与研究 / 胡晓琴 （022）
实施智慧教育工程　助推教育跨越式发展 / 赵卫兵 （027）
区域英语教师智能技术应用调研及培训优化研究 / 陈菲菲 （030）

学校实践

建设"和合"智慧校园　助力数字公民培育 / 洪　松 （037）
知行合一　笃行致远——关于"勤·惜"在线学习有效性的实践与思考 / 俞　辰 （041）
由"智"生"慧"　开启"互联网+"教育新时代 / 杨　军 （046）
信息化教学在幼儿园学前教育教学中的应用 / 张雨宁 （055）
教智融合　尝试反馈　深度学习——基于学生学科核心素养培育的校本实践 / 缪建平 （059）
以应用为核心推动技术与教育的融合 / 吴　哲，沈建华 （064）
让智慧校园成为看得见的风景 / 柳　健 （070）
打造智慧课堂　共育五福少年——苏州市勤惜实验小学校教育信息化多元发展初探 / 陆　觐 （075）

"六化"齐驱：开辟智慧教育校本化发展路径 / 杨春芳 （078）
智慧场：构建泛在的学前儿童生长空间 / 朱万德 （085）
在线教学趋势下未来职业教育专业课程的转型与发展 / 王玲玲 （089）
"十三五"期间教育信息化建设成效显著——以吴江经济技术开发区花港迎春小学为例 / 何佳佳 （096）

教师实践

多彩课程：中班美术教学中的创意信息技术探究 / 徐欣怡 （101）
打破整本书阅读的教学时空 / 周　澜 （105）
STEM教育模式与小学科学课堂的融合探究 / 钟宇虹 （109）
NVivo教学视频分析支持的小学教师专业发展方法探析 / 姜佳颖 （113）
"强基"背景下融合式线上教育的思考与实践 / 朱　勇 （117）
信息时代下初中线上线下教学高效融合策略微探 / 陈　莉 （123）
主题意义探究下小学英语单元复习教学的实践研究 / 林　琴 （127）
音乐课堂与信息技术的融合之美——浅谈信息技术在小学音乐课堂中的应用 / 朱江华 （135）
项目化推进：小学人工智能课堂教学设计与实践——兼谈《Micro:bit光控灯》一课项目化教学 / 刘海武 （138）
基于PBL项目式学习的小学VEX机器人教学实践研究 / 徐佳成 （145）
浅析小学信息技术学科各模块知识的学科融合方式 / 闫　妮 （151）
为孩子的好奇世界撑起一朵"小伞花"——基于STEM理念下的幼儿园小班"雨伞"项目课程初探 / 周艺茜 （155）
基于ArcGIS软件的高中地理案例教学实践与研究——以校园景点参观路线规划设计为例 / 陈　璇 （159）
智慧环境支持下小学数学个性化学习探究 / 苏　伟 （165）
教学多媒体作品界面设计研究 / 陶晓双 （169）
论"问题牵引式"教学法在信息技术课堂中的运用 / 赵　晨 （179）
创新教育在幼儿教育中的趋势 / 杜　艳 （183）
巧用网络教学平台　助力信息科技教学——以昆山市人工智能教学平台为例 / 蒋　倩 （188）
Clicker系统在初三化学教学中的应用探索——以《溶解度》复习课为例 / 徐　峰 （191）
微课支持下的小学生英语深度学习的实践探索 / 顾　碟 （195）
智慧教育构建低年级语文高效课堂——以部编版语文教材二年级上册《日月潭》为例 / 苏欣佳 （202）
信息科技学科素养导向的大单元教学设计与实施——以初中Python编程教学大单元整体设计为例 / 周　祥 （207）

行政指导

苏州市教育信息化"十三五"工作汇报

□ 苏州市电化教育馆　苏州市教育信息中心

"十三五"时期，苏州市教育信息化工作在江苏省电化教育馆和苏州市教育局的正确领导下，在各市（区）教育信息化机构、市教育局直属学校的通力协作下，坚持以习近平新时代中国特色社会主义思想为指导，以立德树人为根本任务，推进苏州教育信息化事业的决策部署，在中央电化教育馆、江苏省电化教育馆的业务指导下，认真贯彻落实《中华人民共和国网络安全法》，根据《教育信息化十年发展规划(2011—2020年)》《教育信息化"十三五"规划》《教育信息化2.0行动计划》，科学规划苏州教育信息化发展蓝图——苏州市深化教育体制机制改革暨推动教育均衡、优质发展三年行动方案之教育信息化和教育宣传行动方案，出台《苏州市智慧校园发展水平星级评估指标体系》等，紧扣教育信息化带动教育现代化这一主线，依托"智慧苏州"城市建设，以"应用即建设"的理念推进苏州"智慧教育"建设，将最新技术深入应用到教学、科研、管理及服务的各个环节，基本建成"人人皆学、处处可学、时时能学"的泛在学习应用环境，全面实现学校管理方式、教师教学方式和学生学习方式的变革。

一、基本情况

"十三五"时期是苏州教育信息化高速发展的阶段，也是苏州智慧教育夯实基础的重要阶段。信息化基础环境得到改善与提升，教育管理者的信息化管理和决策能力得到提升，师生信息化素养得到普遍提升。逐步形成了苏州教育信息化独有的"四代同堂"（研究、试点、推广、普及）建设与应用模式、"UGBS"（高校、政府、企业、学校）信息化协同发展模式。2019年5月，苏州市成功申报全国"智慧教育示范区"创建培育区域；2021年2月，苏州市成功申报全国"智慧教育示范区"创建区域。苏州教育信息化正日益成为苏州教育现代化的有力支撑和强大引擎。

2016年是苏州教育信息化"十三五"的开局之年，是继苏州智慧教育建设年、应用年之后的应用融合年。全市教育信息化工作紧紧围绕信息化服务教育发展的根本要求，以"创新、协调、绿色、开放、共享"的新发展理念，深入贯彻《苏州市教育信息化五年行动计划（2013—2017年）》，认真落实苏州教育信息化"十三五"发展规划，坚持应用驱动与制度创新，继续深入实施"三通三促"工程，促进信息技术深度融合并贯通在教学、科研、管理和服务等教育工作的全流程，加快形成"时时可学，处处能学，人人皆学"的苏州教育信息化新格局，使"互联网+"教育在加快推进教育现代化建设、苏州教育品牌建设中发挥更大的作用。

2017年是苏州教育信息化五年行动计划的收官之年，苏州市电化教育馆紧紧围绕信息化服务教育发展的根本要求，深入实施"三通三促"工程，促进信息技术与教育的深度融合。苏州市电化教育馆启动了直属学校城域网上网认证与IPv6城域网二期建设，开展全市网管人员集训和网络安全大检查，落实贯彻网络安全法。大力推进教育公共服务平台建设，苏州工业园区的《打造"易加"品牌，深化智慧教育》，成为2017年全国教育管理信息化应用优秀案例；苏州工业园区、昆山市、太仓市先后被列为国家数字教育资源公共服务体系建设和应用试点示范区；苏州市电化教育馆完善立体化教育宣传体系，全年收视率稳定在0.23，市场份额占比1.55%，年度收看人次达560多万，创历史新高。全面提升全市教师信息技术应用能力培训，39 979名教师完成专项培训。苏州市电化教育馆全面完成30所智慧校园示范校项目终期验收，完成苏州线上教育中心立项启动工作。

2018年，积极推进"智慧教育"基础应用环境建设，完成中心机房扩容2倍改造、苏州教育城域网用户终端安全统一管理平台建设。正式启动苏州线上教育中心，市直属、园区学校全面接入应用，6万余名学生参与，平均每月开设直播课程400余节，全年平台总登录次数达600万以上，进行市级名师直播课368次，各校自行开设在线直播课2 429节，在线课程累计被观看43万余次，平台微课播放量超200万次，用户满意度达96%。完善立体化教育宣传体系，创新发展苏州电视台教育频道的节目，并荣获中国教育电视台"黄金合作伙伴"称号。深化信息技术应用研究，师生共荣获全国一等奖17个。苏州市电化教育馆完成35 658人次信息化专项培训。

2019年，苏州教育信息化工作强化党建引领，以服务师生为目标，开创了苏州教育信息化工作新局面，完成了苏州市学校网络安全保障，大幅提升在江苏省的排名，完成中考人机对话、高考英语听力（磁带改光盘）保障工作。地铁、公交等移动媒体平台共11 095个终端发布苏州教育频道，覆盖人员每天达到114万人次。苏州市电化教育馆组织3 624人次参与各类信息应用技能大赛，共荣获全国一等奖5个，江苏省特等奖2个，江苏省一等奖53个。苏州市电化教育馆组织中小学生3 932人次参加全国青少年机器人和软件编程考试。苏州市电化教育馆完成中小学教师信息技术应用能力提升工程在线培训43 789人次，线下培训19项，培训教师1 536位。苏州市电化教育馆完成新旧E卡通运行服务工作平稳对接；全力做好苏州线上教育中心技术保障工作，启动与江苏省名师空中课堂的协同合作；全面推进江苏省智慧校园评估工作，293所中小学校在江苏省智慧校园管理平台完成申报及年度审核。

2020年是全国智慧教育示范区创建的开局之年，苏州教育信息化工作以创建"全国智慧教育示范区"为契机，对标《教育信息化2.0行动计划》，统筹推进苏州市教育信息化工作。积极推进智慧教育示范区建设培育区升级；全力以赴，提升教育信息化的基础支撑能力，硬核保障线上教育中心新冠病毒感染疫情防控期间平稳运行，新冠病毒感染疫情防控期间线上教育中心运维服务团队共接受用户咨询180 032人次；平台最高单日独立用户访问量达88万人次，总共超过246万人次（未包含电视端）。此处，不断推进E卡通运行服务工作；综合提升新媒体领域教育舆论主导权；积极驱动信息技术应用研究，首次承办2020年"领航杯"江苏省中小学电脑制作活动暨首届人工智能大赛。推荐292名师生参加2020年"领航杯"江苏省教育信息化应用能力大赛及江苏省教育信息化论文评比活动，获得5个特等奖，62个一等奖。有效提升苏州市智慧校园发展整体水平，293所中小学校通过江苏省2019年江苏省智慧校园审核认定，298所学校申报2020年江苏省智慧校园审核认定。努力实施教育信息化各类培训，全年参训教师50 000多人次。

"十三五"期间，苏州教育信息化投入专项资金超亿元，其中硬件建设约5 000万元，软件资源约9 000万元，师资培训约100万元，中心网络及资源维护约600万元。

二、重点工作

1. 全力以赴，提升教育信息化的基础支撑能力

（1）基础设施完成升级改造。

"十三五"期间对苏州市电化教育馆中心机房基础设施进行了升级改造，对城域网机房外部空间进行了规划和改造，充分利用空间，根据实际环境情况，打造了集参观走廊通道、演示管理功能为一体的展示区域。数据中心核心区域从原来的120平方米增加到200

平方米，机柜从原来的35个增加到70个。苏州市电化教育馆实现机房所有基础环境设施网络化、智能化。

（2）苏州教育城域网全面进入裸光纤时代。

市直属学校实现万兆互联，县（市、区）教育局千兆互联。整网完成IPv4/IPv6双栈化改造，苏州市成为江苏省第一个完成IPv6接入改造的地级市，数据中心初步完成IPv6业务改造。

（3）完成苏州教育私有云平台建设工作。

利用软件定义网络（software defined network，SDN）技术，建立适合苏州教育自身使用习惯的苏州教育私有云平台，将服务器、防火墙、备份系统、安全设备等资源化，利用云平台给学校（单位）提供服务。实现资源的动态、快速、安全、稳定使用。目前有虚拟化服务器438台，云桌面100台，数据库服务器35台，存储空间可达760 TB。

（4）网络安全常态化运维。

全年对苏州市直属学校（单位）的208个网站进行24小时监测，对全市1 600多个网站进行轮训扫描监测。建立苏州教育城域网网络安全监测运维体系，通过态势感知系统，实时掌控苏州教育城域网核心区域的网络安全情况。

（5）完成了馆藏录像数字化。

将1984年以来积累的传统模拟数字资源进行数字化转换保存和目录编排，原始2 500余盒磁带视频内容合计时长6 000小时，1 084盒录像带，合计时长约2 300小时，最终获得有效视频1 581小时，生成4 114个独立视频文件，通过目录编排和查询定义，搭建了数字馆藏目录平台。

2. 创新引领，重点工程稳中求进

（1）开拓创新，开展智慧教育示范区顶层设计。

2019年5月，苏州市被教育部遴选为"智慧教育示范区"创建培育单位。2021年2月，苏州市被教育部遴选为"智慧教育示范区"创建单位。近两年，围绕智慧教育示范区创建工作，开展《苏州市智慧教育示范区发展战略》课题研究，完成《苏州市创建国家"智慧教育示范区"实施方案（讨论稿）》；开展数据驱动的教育综合评价创新实践，构建苏州市智慧教育大脑，构建评价驱动的教学决策与管理决策机制，助力于苏州教育向精准化、个性化和智能化发展，为解决苏州教育教学过程质量管理、学生学习成长监测、教育管理决策能力不足等问题提供强力支撑，促进公平而有质量的苏州教育发展。

（2）惠民利民，逐步推进线上教育中心建设。

苏州线上教育中心项目以"苏州名师全过程全免费"为核心理念，统筹全市名优教师资源并贯通线上线下与课内外的高度信息化、智能化、个性化网络学习平台。通过市级中心加区中心的建设运维模式，调动全市资源为苏州学子进行网络学习提供便利。2018年3月启动苏州线上教育中心试运行，苏州市电化教育馆负责协调该平台的开发、运维和培训，并于2019年被列入苏州市政府实事项目。截至2021年3月，苏州线上教育中心累计登录人次超一亿，最高单日独立用户访问量达88万。在2020年新冠病毒感染疫情防控期间，苏州线上教育中心统一提供3 107节名师课程；学生登录平台78 672 746人次，观看课程视频资源104 209 658次，全市125万学生日均每个学生登录1.044次，观看1.72节课程，取得了良好的教学效果和社会效益。苏州市线上教育中心规模化在线服务经江苏省电化教育馆推荐，由教育部科技司向联合国教科文组织送审为哈马德国王奖评选案例。

（3）服务至上，不断推进E卡通运维工作。

从2016年至2020年，苏州教育E卡通紧跟苏州教育信息化的发展步伐，逐步完善项目软硬件体系。2016年起，苏州教育E卡通的运维经费纳入年度预算。持卡人数基本与义务教育阶段学生人数保持同步增长，学校增效机联网、布点范围不断扩大。2019年，新旧E卡通运行服务工作平稳对接。从2019年开始引入第三方监理公司参与项目实施方案，确保数据平台模块开发、平台升级、系统稳定运行等工作的顺利开展。截至2020年年底，服务学校330所，城区增效机已经累计发放了509台，校外增效网点不断扩大，各轨道交通线路都配置了自助增效设置。完成市政协委员关于教育E卡通更方便服务学生的提案，提要求，抓落实，将惠民工程的"惠"放在首位。

（4）互评互鉴，有效提升全市智慧校园发展整体水平。

从教育信息化1.0向教育信息化2.0的迈进，苏州市以智慧校园创建工作为引擎，引领学校教育信息化从应用驱动的"量变"向融合创新与发展的"质变"不断提档升级，努力进行试点示范和体系推广的积极探索与实践。2014—2017年，共评定智慧校园示范校（试点项目）30所；2018—2020年，共认定智慧校园发展水平三星级学校615所；2019—2020年，共认定首批苏州市智慧校园发展水平四星级学校37所。

3. 与时俱进，构建多样化全媒体传播格局

2016—2020年，苏州市电化教育馆顺应时代发展，完成了苏州教育宣传转型升级，工作重心从以电视为主逐渐转向以网络（新媒体）为主。按苏州市教育局宣传工作要求的

部署,坚持紧扣教育改革发展主线,不断创新新闻宣传方式和手段,主动关注教育热点与难点,积极回应社会关切的问题。牢固树立移动优先、网宣优先的观念,对个别自媒体传播的负面教育消息开展有及时性、针对性、实效性的舆论引导,长期有效牵引苏州教育舆论的正面走向。

(1)立体化教育宣传体系初步构建。

2016—2020 年,共播出新闻 5 924 条,并不间断提供优质教育视频新闻给中国教育电视台、江苏省教育厅和江苏电视台教育频道。2017 年,上传省厅《江苏教育》网站视频录用播出数量位列全省第一。2018 年,荣获中教台"黄金合作伙伴"称号。2020 年,新冠病毒感染疫情突袭,苏州教育宣传并没有停下步伐,在完成新闻 881 条的基础上,积极转战新媒体端,取得了抖音"百万+"和微信"十万+"的突破,并成功打造了几个"爆款",引发了国家级媒体的关注和报道。

"十三五"期间,投建起多元的移动宣传端,传播教育好声音。①轨交动视 1—4 号线、移动公交全覆盖,每周三次更新,每天 8 次滚动播出。②今日头条号:连续创作 925 天,视频总播放量达到 294.9 万次,多篇报道登上今日头条苏州热搜榜。③抖音:2020 年正式运营以来,"苏教融媒"号发布作品 198 个,获赞量从 1 484 增长到 5.1 万;④有道微信公众号:五年耕耘,公众号粉丝数量逐年递增,2020 年居家办公期间,打造了第一个微信"十万+",赢得了广泛赞誉;⑤微信视频号:2020 年 8 月 19 日开通苏州教育—传媒有道官方账号,至今共计发布短视频 171 条,总浏览量 82 万+,累计获赞 1.83 万。在近两年老资料数字化整理过程中,积累了一些反映苏州教育发展的珍贵视频,《影像记忆 看苏州教育发展》系列推出后广受好评。

(2)专业研究纵深发展。

在专业研究方面,2016 年,《基于教育媒体平台建设的师生媒介素养培养》课题圆满结题。2017 年,继续深入申报了《新媒体环境下学生媒介素养提升的实践与研究》课题,并于 2020 年结题。同年,申请立项了 2020 年苏州教育改革和发展战略性与政策性重点课题《后疫情时代苏州教育舆论环境中师生媒介素养的引导与提升》。

2015—2018 年,《苏州教育信息化》杂志为双月刊,一年 6 期,2019 年,《苏州教育信息化》全面改版,由双月刊改为季刊,分专题,更有专业性地传播苏州教育信息化,并和古吴轩出版社合作,正式出版的《在线》《云上》《泛在》《学享》取得了良好的社会效应。

2017 年,苏州市电化教育馆启动了教育模拟资源抢救性数字化转换项目,成立工作小组,将83年来有效的教育新闻、录像课例及有关模拟信号资料转换成当下通用数字格式,并通过组织架构保存,为教育提供便捷的查询和再利用。目前,苏州市电化教育馆已经完成约2 723条2 771 GB资源的数字化转换,统计数据动态呈现并可实时查询。

(3)竞赛、培训有条不紊扎实推进。

五年来,苏州市电化教育馆积极为苏城的学校、教师、学生搭建更多的渠道发展特长,将通过苏州市级评选的作品报送中央电化教育馆、中国教育电视台、中国教育电视协会、江苏省电化教育馆。苏州教师的作品可圈可点,获得了多项比赛主办方的认可。苏州市电化教育馆,也多次获得中央电化教育馆的优秀组织奖。此外,每年一次的苏州中小学教师媒体素养培训邀请苏州大市范围内的学校教师参与,整合各方资源,通过专家讲座、电影公开课、研培实操等形式,做到理论结合实践的专业培训,为苏州市校园电视台及学校师生媒介素养的提升"增能"。

(4)服务苏州教育宣传亮点。

在完成基本工作任务的基础上,苏州市电化教育馆深耕教育宣传一线,利用专业素养,配合教育局相关处室,宣传重点、亮点,完成专题片、公益短片等工作。仅2020年,制作完成40个公益宣传短视频、8部专题片和宣传片;完成14场直播、1 838节江苏省名师空中课堂数字资源视频课制作。

4. 在选拔中求引领,积极驱动信息技术应用研究

(1)积极有效组织各级各类信息应用技能大赛。

五年来共组织近万名学生和教师进行苏州市教育信息化应用能力"领航杯"系列五大赛事和教育信息化论文征集遴选活动选拔赛。选拔、推荐、组织参加省级以上比赛,共获得特等奖省级12个,一等奖省级121个、国家级48个,二等奖省级152个、国家级97个,三等奖省级178个、国家级127个,优秀组织奖省级8个、国家级2个。

(2)积极组织广大教师参加全国"一师一优课,一课一名师"活动。

2015—2019年苏州市教师共晒课75 605节,共评出市优课7 663节,荣获省优课2 217节、部优课1 367节,为全国地市级翘楚。尤其是2016年度,苏州市获得省优课1 064节,占全省的15.4%(全省省优6 908节);部优课675节,占全国的2.45%,占全省的19.8%(全国部优27 570节,江苏部优3 414节)。

(3)积极组织省级及以上各级各类教育信息化应用资源、案例、课例、教研共同体、名

师工作室、应用优秀学校、试验区等遴选与申报,苏州市屡获佳绩。

例如:苏州市工业园区成功入选教育部关于"基于教学改革、融合信息技术的新型教与学模式"实验区(全国共计90个实验区);苏州市苏州科技城西渚实验小学、苏州工业园区翰林小学和苏州工业园区星洋学校3所学校成功入选教育部关于网络学习空间应用普及活动中的优秀学校;我市吴中区尹山湖实验小学和苏州工业园区独墅湖学校成功入选中央电教馆关于组织申报人工智能教育实验校(小学阶段);苏州建设交通高等职业技术学校入选中央电教馆关于职业院校数字校园建设样板校;张必华名师教研共同体成功入选中央电教馆关于遴选"教研共同体协同提升试点项目"中的名师教研共同体(全国共计16个);苏州市工业园区星汇学校的王水丽网络名师工作室等16个工作室成功入选江苏省网络名师工作室。

5. 于变局中开新局,努力实施教育信息化各类培训

(1)积极组织苏州市中小学教师信息技术应用能力提升工程培训。

积极引领学校一线骨干教师自主研发培训课程,融专业性、技术性、实用性为一体,贴近教学,服务教学,深得教师青睐。2016—2020年,共培训教师达197 820人次。

(2)应情应景,反复斟酌,不断调整专题培训、定制培训和帮扶培训。

直属未来教室系列培训有所突破,分组合作、精彩活动、沙龙研讨、考核评比成为培训的必备程序,较好地完成了未来教室的全员培训、应用能力提升高级研修培训、StarC云端一体化学习平台应用种子教师培训、直属课程整合高级研修培训和"智慧校园"领导力培训;数据分析师培训开启先河;区域定制培训精心打造;教育创客工程优势组合;苏州市教育局对口帮扶铜仁市中小学教师教育信息化应用能力提升培训持之以恒,五年来培训教师近8 000人次。

6. 规范有序,做好招投标及内控工作

在历年的政府采购招投标工作中,不断加强单位内部控制制度的建设和管理,多部门多人员共同参与政府采购工作,分工协作、互为监督,单位的政府采购工作基本实现"决策民主化、管理程序化、权责清晰化、信息透明化"的内部有效操作和监管。参与政府采购工作的各部门和人员均能严格遵守各项采购法律法规,确保履行的采购手续和流程合法合规。2016—2020年,共完成政府采购项目104个,累积采购金额1.682 1亿元,其中顺利完成包括"未来教室""苏州市线上教育中心"在内的多个教育信息化重点项目,有效支持了苏州教育信息化工作的开展。

"十三五"期间,单位内部控制(以下简称"内控")建设完成规范性建设,取得了初步成效。成立了内控建设领导小组,建立了较为完整的内控建设工作架构,构建了较为完善的内控建设体系,形成了积极联动的内控建设工作局面。具体工作表现在以下几个方面:一是充分认识内控建设的重要意义,全面强化了内控主体责任;二是优化完善制度和流程进行,加强重点领域的日常管控,加强信息化建设力度,进一步拓展内控覆盖面,加强内控体系监督评价和结果运用;三是切实加强内控执行力度,确保内控建设取得实效,加强宣传和解读,全面落实各项内控制度,梳理管理漏洞和风险防控薄弱环节。

2021 年 3 月

课题研究

苏州市教育类微信公众号发展现状分析及对策建议

□ 《后疫情时代苏州教育舆论环境中师生媒介素养的引导与提升》项目课题组

一、引言

当前,信息技术发展方兴未艾,数字化已经渗透到人们的工作、日常生活等方方面面,给政治、经济、文化及生活等带来巨大改变。根据2021年2月中国互联网络信息中心发布的第47次《中国互联网络发展状况统计报告》显示,截至2020年12月,我国网民规模达9.89亿,互联网普及率达70.4%。其中,网民上网的渠道日益向移动端迁移,手机网民规模达9.86亿,网民使用手机上网的比例达99.7%。基于Web 2.0网络技术发展起来的各类社交媒体,更是在极短的时间内就能获得海量的用户。

2012年8月,腾讯微信团队推出公众号服务,进一步扩大用户规模,提升自身影响力。经过十年时间的快速发展,微信公众号已经成为公众一种重要的信息来源。根据2016年达观数据发布的《2015年微信公众号排行榜》,在2015年微信公众号总体数量中,除娱乐、育儿、情感这三类公众号吸引了大部分流量之外,教育类微信公众号同美食类、文化类、资讯类及媒体类微信公众号组成了微信公众号的中坚力量。

教育类微信公众号成为微信公众号中的一股不可忽视的"流量"来源,其根本在于教育问题一直是中国社会的热点话题,教育微信公众号一般又细分为多个种类,有学前教育类、家庭教育类、小学教育类、中学教育类、大学教育类及科研学术类等。本文将重点关注小学教育类和中学教育类。

苏州市是江苏省的互联网发展的重镇:仅备案网站总户数就超过11万,数量总数全省最高;截至2019年年底,苏州市网民规模达到958.4万人,互联网普及率达到78.7%。苏州市各中小学教育机构积极开通微信公众号,及时跟进教育热点、回应师生家长的关切,以及拉近与家长等社会群体之间的距离,成为教务信息公开、校方与社会良好互动及提供教务服务的全新渠道。

一、苏州教育类微信公众号发展的基本情况及特点

截至2021年10月,苏州市共有各类教育类微信公众号约110个,涵盖了小学类、中学类、高校类、考研类及培训类等五大类,其中小学类和中学类共有微信公众号59个,占比53.6%。从数量分布上来看,中小学类的教育微信公众号是苏州市教育类的主流。其中,阅读总数排名前十的苏州市教育类微信公众号中有两个是中小学类教育微信公众号,分别是"江苏省苏州中学"和"江苏省昆山中学"(分别排名第五和第十,且均为中学类微信公众号)。

由此,我们可以发现苏州市教育类微信公众号发展呈现出如下几个方面的特点:

(1)树立良好的"用户观",满足教师、学生及家长群体的需求,挖掘用户关心的话题。纵观苏州市中小学教育类微信公众号的定位与内容,基本已经树立起良好的"用户观",即明确将教师、学生及家长群体定位为主要用户群,在发布内容的选择上重点关注校园安全、校园文化、教育政策解读等师生和家长群体十分关心的话题,如高考作文解析、学生毕业典礼、教职工待遇、各种校园活动等。此外,除了日常性的信息发布之外,还开设校园服务、招生专栏等服务性功能,方便学生的日常校园生活与升学等,通过设置"专栏"的形式,使教师、家长和学生等不同的群体在浏览信息时更具针对性,能够更加便捷地注意到与自身有关的信息。

(2)形成良好的"内容观",内容生产周期缩短、重视选题策划,内容持续优化。围绕学生校园生活、关键性教育政策,苏州市中小学教育类微信公众号坚持做好选题策划,并且形成相对固定的内容发布周期(一般每日发布一次)。一方面,及时准确地向师生和家长传递了重要的教育信息,借助互联网络点对面的传播优势将关键通知迅速传达出去,提高了通知效率;另一方面,也能够生动活泼地呈现新时代中小学生健康向上、多才多艺的形象,向全社会展现学校的校园环境、教学质量与教育成果。如公众号"江苏省昆山中学"发布的系列推送"高校特色专业视频巡展",通过转发视频号"江苏招生考试"的短视频,以通俗易懂的方式定期向家长、学生介绍国内知名高校(如清华大学、北京大学、南京大学、上海交通大学等),关注学生升学规划,递送优质且准确的大学招生信息。

(3)探索出多元化的传播方式,内容传播有手法、讲腔调、有"网感"、显实效。面对全新的传播环境,苏州市中小学教育类微信公众号坚持"以人为本",在内容传播的话语

方式、传播形式及整体的表达方式上都不断在优化，利用更为亲和的态度与更为灵活的手段进行教育宣传。同时，结合苏州地方的文化特色，结合苏州本土的人文风貌，讲好有苏州特色的校园故事。例如，公众号"江苏省苏州中学"在2022年6月2日发布了一篇《别来无恙，完美回归，第54天苏中回复常态化管理》，宣布因疫情封闭54天的校园迎来了常态化管理。该推送文字简单凝练，图片丰富，色彩明朗，尤其以细节动人；同时，通过一则四分多钟的短视频展现了学校校门打开、恢复常态的时刻，充满人文关怀。此篇推送阅读量截至撰写此文，达到1.2万，并得到了许多留言，唤起了家长、教师和校友们的情感共鸣。

二、苏州教育类微信公众号存在的问题

从课题组的调研结果及其分析来看，苏州市中小学教育类微信公众号在发展过程中并非尽善尽美，在以下方面仍存在一些问题。

（1）"多而不强"的问题比较突出。从苏州市中小学教育类微信公众号的现状来看，整体数量达到59个，在数量上占据苏州教育类微信公众号的"半壁江山"，但是进一步分析其阅读总数和平均阅读数却发现，仅有极少数中学教育类微信公众号，如"江苏省苏州中学"和"江苏省昆山中学"，能排进前列。绝大部分的中小学教育类微信公众号，尤其是小学教育类微信公众号阅读总数仅有几万，平均阅读量甚至有的仅有几百。对比之下，整体呈现出明显的"多而不强"的问题。同时，调研发现部分微信公众号关注度低：关注人数较少，用户黏性不高，师生和家长体验感和获得感不强，没能充分发挥校园与家庭之间的信息纽带作用。因此，苏州市中小学教育类微信公众号有待进一步强化公众号的通知功能、展示功能、服务功能与互动功能等，完善校园教育的数字化呈现，便捷多方沟通。

（2）部分中小学教育类微信公众号存在"更新不及时""服务不到位""回应不给力"等问题。目前来看，苏州市中小学教育类微信公众号基本能做到每周更新，但是部分微信公众号更新不及时，未形成周期性更新的机制，存在更新间隔周期较长的现象，没有对社会教育热点、最新教学政策做出及时跟进与展现等。同时，我们还发现部分微信公号提供的服务处于不可用状态，经常出现后台的咨询提问无回应等问题，亟须调整。

（3）推广力度较弱、用户知晓度有待提升。通过课题组的前期调研发现，调查对象尽管与中小学教育环境密切相关，但是知道、关注甚至经常使用中小学教育微信公众号的甚少。造成这种状况的原因主要是：一方面，对于中小学教育主体而言，其对于微信公众号推广力度不够、宣传手段欠佳，教育主体在运营公众号时没有形成校园IP意识，没能将学校线下影响力转换为网络关注度,造成其公众号知名度低,用户知晓度也较低;另一方面,部分中小学微信公众号内容质量不高,文字描述较多,缺少图像、视频,字体、字号、行距等基本设置没有充分考虑到普通受众的阅读习惯,排版较为单调,缺乏基本的设计意识,并存在信息更新不及时的问题。因此,对家长及社会群体的吸引力较低。

三、关于苏州教育类微信公众号进一步发展的建议

针对以上问题,提出进一步发展的建议,具体如下:

(1)在未来的监管方向上,要不断强化顶层设计,建立起具体可行的考评机制。建议本市教育主管部门联合市委网信办加强对教育类微信公众号等教育新媒体监管的顶层设计,探索并完善对教育类新媒体管理的联动机制,在政策面上做好对规范苏州市教育新媒体发展的支持。同时,作为教育舆论引导和教育舆情应对的阵地之一,应该逐步建立起对苏州教育新媒体的评估机制。具体来说,应定期开展对教育类新媒体的检查与抽查,对发现的问题要及时纠正和整改。

(2)加强互动,结合自身特色加大对微信公众号的推广力度。微信公众号内容最有效的传播路径就是在朋友圈、微信好友之间及微信群中进行转发。苏州市中小学教育类微信公众号应广泛利用线上和线下的互动,结合中小学教育的特色,建立起一个多维互动、特色推广的运营模式。

(3)进一步完善功能,做好教育服务的数字化。提升用户体验感是增强新媒体用户黏性的关键。苏州市中小学教育类微信公众号在功能开发上应充分考量广大师生、家长的需求,针对中小学教育中的具体实践、具体场景有针对性地进行功能开发与服务指引。具体而言,在微信公众号的菜单栏设置类目中应探索特色栏目,并做好相关功能与服务的定期维护。充分利用好微信公众号渠道,真正实现教育服务的数字化。

区域经验

基于教育信息化的"姑苏生成"
——浅谈姑苏区教育信息化发展经验

□ 邹　泓*

2018年以来，姑苏区教育信息化始终坚持在智慧姑苏总体框架下，以智慧教育为抓手，构建"姑苏教育云"智慧教育框架体系，扎实推进区域教育信息化基础建设，架构区域智慧应用安全体系，以智慧教育、大数据应用研究为引领，开展多层次区域师生信息素养提升活动，助力姑苏教育高位发展。通过实践探索，姑苏教育信息化摸索出一条具有姑苏特色的实践路径，现将区域教育信息化发展经验总结汇报如下。

一、坚持"一贯制"，瞄准靶心，机制与治理高度契合

区域教育信息化发展离不开一以贯之的坚持。姑苏区从发展规划制定发端，坚持"纵向贯穿"，逐步构建自上而下的区域教育信息化层级；"横向打通"，将教育信息化从少数人掌握、享有逐步拓展到人人参与、人人可用。

1. 在制度上纵深

项目推进离不开制度保障。2020年以来，姑苏区深刻体悟到信息化设施设备型号多样、使用人员不固定、校际差异较大等原因导致的主体不明、界限不清、责任不强等问题。为此，区域先后出台了《姑苏区教育信息化管理制度汇编手册（2020）版》、《姑苏区教育体育和文化旅游系统信息化建设与管理规范（试行）》（以下简称《规范》）等规范文本，汇编上级通知文件，对区域工作进行指导，从区级层面上回答了学校、幼儿园教育信

---

* 作者单位：苏州市姑苏区教师发展中心

息化分管领导、网络管理员、教师等角色关于"做什么""谁去做""怎么做"三大主体责任，并对常规管理、上报流程提出了具体量化要求。同时通过《规范》重点明晰了区首席信息官、数据安全师职责以及单位信息化项目申报流程、建设实施规范、运行管理要求、网络安全管理等。并通过"姑苏智慧教育数据维护责任清单"加以细化，明确了各相关系统平台数据维护要求和时间节点及维护责任单位。从制度层面上厘清教育信息化项目建设流程和责任归属，从根本上杜绝"责任不清、界限不明"的情况发生。

同时，为更加公开透明地遴选优秀教师，提高教师参与高层次竞赛活动的积极性，姑苏区出台了《姑苏区"区域教育信息化类荐选"实施细则（202009修订试行）》，以文本方式固定了师生各类竞赛活动推选流程，拓宽了展示的舞台，让更多优秀教师、学生，以及他们的优秀作品能够从学校、集团中脱颖而出。

2. 在参与上贯通

区域教育信息化的贯穿不仅体现在上下联结，还注重在横向上打通边界。自2018年以来，姑苏教育信息化并不是单打独斗，而是着眼于区域内部各条线"四位一体"的共同参与。区域教育信息化工作，与其他条线打破边界，一方面积极做好平台支撑、技术支持工作，让教育信息化在更多领域发挥高效、便捷作用；另一方面，从其他条线工作中汲取学科教学指导、教师培训组织和教育科学研究的养分，不断优化区域教育信息化工作，让学科融合更紧密、教师培训更贴切、教育科研更深入。区域建构起的"姑苏教师专业发展课程体系"正是打破边界的融通成果。

区域教育信息化的发展不仅要诉诸于内，更要向外求索。为此，姑苏教育信息化积极与高等院校、社会资源对接，携手华中师范大学牵头成立的教育大数据应用技术国家工程实验室专业团队，探究以教育与大数据促进教育教学变革、弥补教育短板，提高教育治理水平的可行方案；成功承办了国家智慧教育示范区教育大数据主题研讨会，并在会上作了主题分享，分享姑苏教育大数据经验。

通过多年实践，姑苏区逐步凝练出了"一网三链一融合"的区域智慧教育生态体系。"一网"，即以教育城域网为基础、"苏·慧"姑苏教育云平台为支撑、数据中台为底座的新型教育信息化基础网络；"三链"，即以学生为中心的成长链，以教师为对象的发展链，以学校为主体的管理链；"一融合"，即以区域教育高质量发展和优质均衡为目标，通过汇聚融合成长链、发展链、管理链产生的各类数据，输出多层级、多维度教育发展态势，为区域智能决策提供参考依据。区域、学校、教师、学生既是智慧教育生态链中的重要参与者，也是智慧教育成果的受益人。

二、坚持"两手抓"，同频共振，建设与应用深度融合

现代教育信息化的发展离不开基础环境建设，姑苏教育信息化坚持不断提档升级，在推进过程中将应用放在建设的首位，两手抓、两手硬。

1. 抓基础环境"硬实力"

姑苏区加大投入。首先，建设第三代虚拟教育城域网，构筑起"双心双网 创优慧教"智慧环境架构体系，进一步夯实区域骨干链路安全性、稳定性；其次，建设区域"姑苏智慧教育云"，将全区44所小学、60多所幼儿园纳入，构建起高效、智能的教育管理和教育教学服务体系；再次，在"互联网+"教育整体框架下，以师生信息化需求为导向，基于"姑苏智慧教育云"核心点，以涵盖"教、管、考、评、学、保"的智慧教育七大子系统为抓手，将大数据辅助诊断为指导的姑苏智慧教育项目落地，生成学业大数据、线上教育、同城帮扶等项目的线上线下闭环，打通区域数据链路，实现师生数字信息全覆盖；区域着力于优质资源共建共享，率先引入"学科知识图谱"的概念，组织区内优秀教师、教研员与学科专家共同研讨构建，对学科知识进行系统梳理和归纳，实现大数据时代高效的知识管理、知识获取和知识共享，为面向教育大数据的诊断分析引擎提供数据基础；建成有智慧姑苏教育云平台资源、线上教育中心课程资源、知网、万方期刊论文资源、微课资源等多达10 T、20多万数量级的资源总体量。

2. 抓推进应用"软实力"

有了硬件条件和数据环境，姑苏教育将之作为提升区域教育教学质量的重要手段。一是依托平台监管结合区教师发展中心基地校、"四位一体"综合调研等常规工作，深入学校一线调研信息化设施设备应用情况，了解学校教师所需所求，及时调整区域教育信息化课程设计，创编线上课程、指导手册，供教师时时学习，夯实应用基础；二是以课题为引领，推进教育信息化理论研究，区域完成了《智慧教育区域推进与促进教育公平、提升教育质量的研究》《创客教育区域整体实施与推进的实践研究》等课题的研究工作并顺利结题，让应用更具有思考的光辉；三是以省智慧校园创建为契机，区域教育信息化应用凝聚出"一校一品"的特色应用实例。例如：沧浪教育集团带城实验小学校的一体化环境建设，打破校园壁垒，联通家校师生；虎丘教育集团阳光城实验小学校引入社会资源进行本地化应用，实现学校管理数据可视化等。截至2022年年底，区内获评江苏省智慧校园学校达44所，占比97.8%，苏州市智慧校园发展水平四星级学校11所，江苏省智慧校园

示范校1所,超额完成省定目标。

三、坚持"三聚焦",立足于新,传承与发展适度啮合

姑苏教育信息化发展不仅是不断向下扎根,更关注向上生长。区域教育信息化工作将目光聚焦在学养数据分析、教师专业发展和创客教育突破上,强化导向,整体撬动。

1. 立足学养数据分析

用教育大数据驱动教育精准化、个性化发展已经成为必然趋势。姑苏教育信息化以构建"多学科知识图谱"切入,集结区域内优秀教师与学科专家共同研讨本地化架构,对学科知识进行系统梳理与归纳,实现了高效的知识管理、知识获取和知识共享。同时,将区域所有资源与学科知识图谱关联、标注,形成了基于学科知识图谱的教学、应用、评价一体化数据资源体系。各学校在进行校本、班本使用后,学业大数据平台便可生成精准详尽的学养分析报告,满足个性化教学需求,为面向教育大数据的诊断分析引擎提供数据基础。"一子落而满盘活",可重复、结构化的学养数据综合分析"姑苏模式"得以生成。

2. 聚焦教师专业发展

姑苏教育信息化以课程建设为主体,在"姑苏教师专业发展课程体系"中发挥专属作用。区域自主创构了"姑苏教师专业发展课程体系",设立以课程分类为横轴和教师职业生涯为纵轴的网状体系。让教师依据其职业生涯规划,在"师德及职业理解课程""个人综合素养提升课程""专业知识课程""专业能力课程"四大课程群类中,自我对标、自主匹配,找到最需要的课程。横纵两轴交叉共生,形成一张可无限生成的具有姑苏特色的立体化、适切化、个性化课程网络。而区域教育信息化不仅支撑起整张"网"的运行,还以"学科融合""专业能力""综合素养"等课程为切入点,线上线下共同推进,既凸显了专业指导,也渗透到各课程中发挥其支撑作用。经过五年的积累,姑苏区共计50多人次获得全国级各类奖项;近20多位教师在教育部、省"一师一优课 一课一名师"评比活动中获得一等奖;省市级各项信息化评比活动500多人次获奖,学生在省级以上各类信息化及创新应用能力竞赛中获奖达300多人次,市级1 000多人次,等等。

3. 聚焦创客教育突破

姑苏区教育信息化在创客教育上独树一帜,以精致、博雅的"苏式教育"为精神内核,糅合文化精粹与技术应用,促使区域教育深度融会贯通。一是以"未来教室""数字科学创新空间"项目建设为载体,大力推进创客教育的普及,开发区本创客课程,为学校开展创客教育提供了优质资源;同时鼓励学校根据校园特色,开设丰富多彩的探究性社团,

并自主开发与课程相匹配的校本教材,实现区域数字化教学的百花齐放之势。二是以"每周编程一小时"活动为发力点,通过制作、上传、分享编程作品,将编程知识转变为思维方式,培育用数字化技术解决问题的能力。目前,姑苏教育云平台中已经累积了数万余个学生作品,学生通过点赞、分享、收藏相互学习,形成了学生交流学习闭环。三是通过承办参与高规格活动和竞赛项目,反推区域数字化教学研究。自2018年以来,姑苏区承办了江苏省第三届STEM教育大会并作主旨分享;获批成为"江苏省STEM县域实验区";区域创客作品"师生溯源·水韵姑苏"师生纸电路创意编程设计活动,荣获第三十四届全国青少年科技创新大赛一等奖,并入选当年十大创新实践活动。目前,区域共有创客教育学校10个、STEM项目实验学校5个、省数字化学习项目学校4个,具有"姑苏特质的STEM教育"品牌,在省市中享有一定美誉度。

回顾姑苏区教育信息化工作,紧扣"均衡、公平、优质、适切"的发展目标,在基础环境、师资涵养、数据治理、创新教育等方面提质增效,积累了经验和成果。未来,姑苏教育信息化将继续发挥古城"核"动力,凸显历史文化名城底蕴优势,探索教育信息化新境界,开拓教育高质量发展新路径。

围绕"智慧教育"的区域实践探索与研究

□ 胡晓琴*

为大力推进"互联网+"行动，全面实施教育信息化2.0行动计划，切实提高教育信息化建设和应用水平，以教育信息化支撑和引领教育现代化，2018年以来，江苏省教育厅就下发了《江苏省中小学智慧校园建设指导意见（试行）》，旨在营造智慧教育环境，扩大优质资源覆盖面、提高教育教学质量、提升教育治理水平，培养创新型人才。对照省智慧校园建设指标体系，结合吴中区信息化建设和应用现状，近年来，吴中区围绕"智慧教育"主题，从顶层设计、环境建设、常态应用到特色创新做了大量的实践探索和研究，积累了一些经验和做法，现将取得的部分成效汇报如下。

一、进行教育发展顶层设计，为技术赋能明确方向

苏州市吴中区教育局高度重视教育信息化工作，以提升区域教育信息化支撑服务能力和创新能力为目标，在加强基础设施建设的同时，注重培育高水平的信息技术管理服务队伍建设。在实施《吴中区教育信息化三年行动计划实施方案（2018—2020年）》的基础上，吴中区政府先后出台了《吴中区"教育强基计划"三年行动方案》《吴中区"教育强技计划"三年行动方案》《吴中区"教育强师计划"三年行动方案》（以下简称"三强计划"），致力于形成一批强化基础学科建设与特色内涵发展的优质学校和吴中样板；构建基于信息技术的新型教育教学模式、教育服务供给方式及教育治理新模式；建设一支高素质专业化教师队伍。

为推进智慧校园建设，吴中区教育局印发了《苏州市吴中区中小学智慧校园建设指

---

* 作者单位：苏州市吴中区教育技术中心

导意见》《苏州市吴中区中小学智慧校园建设评估细则（试行）》等文件，从机制保障、智慧环境、数字资源、智慧管理、智慧教学、特色发展六个方面出发，从2018年到2020年这三年来，近70%的学校已完成江苏省智慧校园和苏州市三星级智慧校园的创建。另外，吴中区教育技术中心每年对学校实行全方位的教育信息化建设、管理、应用考核，提升全区中小学智慧校园建设的整体水平。同时，为保证骨干教师队伍建设，吴中区教育局每两年轮流开展"教育技术应用能手""教育技术类学科带头人"评选活动，进一步促进教师队伍专业化发展，提高广大教师的信息技术应用能力，助力信息技术与教育的深度融合。

二、完善软硬件环境建设，共享智力资源

吴中区高度重视教育信息化基础设施建设工作，把软硬件环境改善列为教育发展重点项目，通过政策引领、加大资金投入力度、政企合作等多种方式推进基础设施建设。现已实现区内学校100%接入网络，网络速度、网络稳定性能够较好地支持教学活动的开展，吴中区智慧教育云平台（图1）已建成并投入使用，教师终端已基本普及，学生终端整体数量以可见速度逐年增长，超一半的学校配备有平板教室，实现无线网络全覆盖，可实现平板教学。软硬件环境建设较为完善，能够较好地支持各项教育业务的开展。

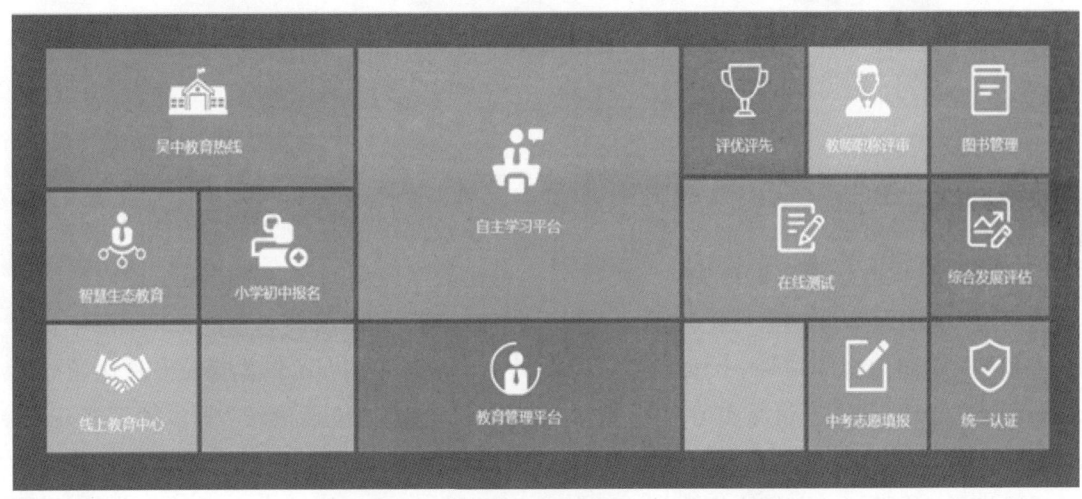

图1 吴中区智慧教育云平台

吴中区教育局重视区域教育均衡发展的问题，采用同城帮扶直播、在线帮扶教研、精准帮扶推送等多种形式共享区内优质教育资源，促进区域教育公平，提高区域教学质量，推动区域教育整体发展。吴中区遵循"全面覆盖、分步实施"的原则，搭建吴中区双师课堂服务平台（图2），开展"同城帮扶"等项目，充分发挥学科名师作用，主讲教师课前为远端学生推送微课、习题、试卷、书籍等资源，课中为远端学生提供针对性讲授，课后为远端学生提供精准化辅导，同时通过组建教研共同体等方式带动远端教师专业发展，有效缓解了远端学校师资压力，有效提高了远端学校教学质量。

图2 吴中区双师课堂服务平台

三、信息化教学常态化，稳步推进信息技术与教学融合

在吴中区管理部门的统一领导下，吴中区各学校高度重视教育信息化教学的推进。重视学科信息化教学设备的配备，支持教师信息化教学应用开展；积极组织校内教师参与苏州市、吴中区举办的信息化教学能力提升相关培训，针对培训对象的不同，每年安排不同类型、不同内容的培训。例如：针对校长类别，每年举办"中小学校长信息化领导力专项培训"活动，通过"跟岗实习""专家讲座""案例分享""校长论坛"等多种形式开展，培训有力推动了校长信息化领导力的发展；针对骨干教师队伍，采用邀请专家进校为教师开展指导，使教师信息技术操作能力整体得到提升；针对专业技术人员，采用理论指导与实际操作相结合的培训方式；等等。制定激励机制调动一线教师的信息化教学应用积

极性，提升学校教育信息化应用水平。通过多方协同推动，教师利用信息技术开展教学已成常态，教学、教研、评价、反馈等教育教学活动均在技术的支持下实现了提质增效。例如，木渎高级中学的大数据精准教学、石湖中学的平板课堂等，在推进教育信息化应用的过程中，各学科均涌现了众多信息化教学名师，信息化教学应用成效显著。其中木渎高级中学的马莉莉老师、江苏省外国语学校曹会老师被评为江苏省网络名师工作室领衔人。同时，各学校重视技术支持人员在推进教育信息化发展中的作用，不断加大力度引入专业人才，通过多种方式支持技术人员发展，技术支持服务能力得到较大提升，信息技术与教学的融合稳步推进。

四、科创教育特色鲜明，综合实践课程建设成果突出

在探索科创教育课程，助推信息技术与教育教学实践深度融合方面，吴中区已经取得了一定的成绩。

（1）创客课程和活动方面：碧波实验小学以科技教育为办学特色，基于现有的机器人搭建室和编程室、人工智能实验室、创客空间等专用教室，全面开设机器人课程，自主编写机器人教材，融合创客、3D打印、STEM等内容，形成了"碧波娃机器人+"特色文化课程，定期举办科技教育比赛、邀请技术专家进行指导，依托创客教育、创客活动，提升学生创新能力、信息素养。

（2）人工智能教育课程方面：尹山湖实验小学创建了人工智能实验室，以人工智能课程建设、教师培训、学生培养三个方面为发展目标，参加各类人工智能教育课程专项培训，为学校人工智能课程开发和实施明确了方向。

（3）综合实践课程方面：由吴中区教育局统一规划，以中小学综合实践学校为依托，借助相关资源，搭建吴中区智慧生态教育学习平台（图3），联合区内各学校开展了"黄瓜宝宝成长记""梅花"等多项综合实践课程与活动，组织学生参与和体验植物的生长过程，通过摄像头、传感器等记录师生活动和植物生长的一生，并要求学生完成相应的学习任务。课程设计有效融入了劳动教育、美育教育，实现了多学科融合，打破了学科边界；有效联合企业、家庭等社会力量协同办学，打破了学校教育边界；充分应用了物联网等新一代信息技术，体现了信息技术与学科课程的融合，全面落实了德、智、体、美、劳五位一体的育人理念，为未来吴中区教育打造科创特色，为培养创新人才进行了有益尝试和探索。

整体而言，吴中区依托信息技术开展的科创课程探索取得了一定的成绩，学社创新能力、

信息素养得到了较大发展,为后期工作开展提供了一定的实践基础。

图3 吴中区智慧生态教育学习平台

五、开展智能技术教学应用探索,提升教学与学习成效

吴中区试点学校以人工智能、大数据等新兴技术为支撑,积极在学情分析、心理健康教育课程建设方面开展创新探索,精准开展学情分析,创新开展心理健康教育,提升教学与学习的成效,为开展技术应用于教育教学的多元创新探索提供了思路。在学情分析方面,部分学校积极引入智学网平台,开展基于人工智能、大数据等技术的智能阅卷、精准推送等应用;通过分析学生试题数据、考试数据,精准把握学生薄弱知识点,有针对性地推送相关题目,实现基于学情数据的精准教学,提高学生学习效果。在心理健康教育方面,吴中区胥口中学设置了专门的心理辅导室,配有音乐放松椅、语音机器人等,学生可以与语音机器人开展人机对话,帮助学生抒发情感、表达内心感受;同时,心理辅导教师依据机器记录的心理特征数据,对学生心理健康情况进行分析,并给予针对性的心理辅导。相关实践的开展在促进新兴技术与心理健康教育的融合方面积累了一定的经验,对后期探索创新心理健康教育具有重要意义。

在"十三五"期间,虽然吴中区围绕"智慧教育"在建设、管理、应用等方面取得了一定的成效,但是体制机制建设有待完善,教育信息化合力尚未形成,智能化技术在教学与管理中应用不足,软硬件环境有待升级,信息技术与教育教学融合不足,创新教学模式尚处于萌芽状态,培训形式固化、培训内容单一,无法满足培训对象发展需要等问题。在"十四五"期间,吴中区将围绕这些问题继续深入研究和实践。

实施智慧教育工程 助推教育跨越式发展

□ 赵卫兵*

  智慧教育工程作为"智慧昆山战略"的重要组成部分，于2012年立项，2013年正式实施。工程主要建设内容为：优化市校两级信息化基础支撑环境，构建综合管理服务、教师服务、学生服务和家长服务四大核心应用的智慧教育云平台，并不断完善数据资源中心建设，通过对教育管理、教育科研和师生服务的数据挖掘和分析，实现科学的教育评价、决策分析及教育的公共服务。目前，工程已经完成七期建设，取得如下建设成果。

  1. 信息环境建设标准化

  市一级，建成了以裸光纤方式互联学校和教育数据中心的高速教育专网及较为完备的数据中心。校一级，以中小学新建和改扩建工程、公办中小学改薄工程和民工子弟学校提档升级工程为抓手，顺利推进学校信息环境标准化建设。目前，全市100%的中小学均建成省一类校园网，60%的中小学建设了覆盖教学、办公和主要活动场所的校园无线网络，100%的学校普通教室均建有多媒体终端（其中95%以上为交互式），75%的中小学建有直播、录播教室，43%的公办中小学建有未来教室。

  2. 教育平台开发一体化

  加强顶层设计，实现集约化发展，所有平台坚持由区域建设，学校只需构建新时势下的信息化学习环境，并切实用好教育服务平台。经过7年的建设，涵盖教育管理、资源、

---

* 作者单位：昆山市教育局教育技术室

科研、教学与公共服务的"互联网+"教育大平台基本建成，使用范围覆盖了所有幼儿园、中小学校及教育机构，为2.3万余名教职工、31万余名学生和42万余名家长提供了良好的实名制网络学习空间服务。目前，平台累计数据记录2亿条，汇集本地优质教育资源12 TB，平台日平均访问量稳定在35 000人次左右。2017年，昆山智慧教育云平台获批为国家数字教育资源公共服务体系建设和使用试点示范平台。

3. 优质教育资源共享化

（1）购置了大量配套学科教学资源、中小学虚拟仿真实验等通用资源，其中数字图书7.4万册，教育电子期刊2 100种，教育百科数字视频资源4 TB，幼儿卡通动画资源4 200个，中小学试题库试题近50万道。

（2）开发本地中小学数字化优质教学资源，总量达12 TB，其中，精品课程资源7 749个、优质微课资源6 718个。

（3）开发职业和社会教育资源，其中职业教育虚拟仿真实训资源59套，社会教育课程资源5 758个。优质资源的共享成为实现区域教育均衡的重要途径之一。

4. 教育管理创新数据化

智慧教育云平台除涵盖人事管理、学生管理、教务教科等常规教育管理以外，还定制开发了学生成长、教师业务、教师招聘、教师培训、中小学绿色评价、职称评定、教育装备采购、校园综保、疫情监测、招生入学、学区查询和应用统计等创新管理功能。同时，通过对云平台沉淀数据进行全面、及时、客观的挖掘分析，基本实现了教育的监管监测、评估评价和趋势研判的数据化。例如：通过对学业水平、阅读情况、体质健康等学生成长档案中的数据进行抽取分析，能顺利监测学生、学校及区域的健康发展趋势和学业发展趋势；通过对中学生学业数据采集和诊断分析，以资源推送、精准讲评、个性化辅导为手段，实现精准教学和精准作业，从而切实提高学习效率；通过对健康上报数据的实时分析，实现了红、橙、黄三个级别和Web、APP、短信三个渠道的预警通知；等等。针对历史病情数据，通过平台提供的同比、环比等分析，能够辅助区域管理者预判月度高发病情；通过对中小学、幼儿园网上招生数据的精确分析，不仅为市民提供了入学精准服务，也为教育行政部门解决规范招生、实现"零择校"提供了有效支撑。

5. 师生能力提升系统化

每年开展各类教育技术培训并组织教师参加各类信息技术应用大赛。2017—2019年，共培训教师27 148人次，教师在苏州市级及以上信息化大赛中获奖达1 425人次，其中国家级456人次,无论是获奖层次还是数量,均位列苏州市乃至全省前列。另外,每两年开展一次昆山市学科带头人(教育技术类)和教学能手(教育技术类)评选,每年开展带头人和能手的教学展示活动,示范引领,带动更多教师教育技术应用能力的提升。

6. 亮点应用探索示范化

在全市中小学积极开展智慧教育创新应用及亮点项目试点工作,并取得了一定的成效。市一级,实现了全市无线统一实名认证;校一级,如昆山中学等14所学校基于作业采集诊断分析系统的大数据教学,昆山市第二中学等45所学校基于"未来教室"环境下的智慧课堂,江苏省昆山第一中等专业学校和昆山开发区青阳港学校的机器人,昆山市培本实验小学和昆山市信义小学的zSpace,昆山中学的创新实验室,昆山市城北中心小学的物联网生态应用,昆山市娄江实验学校的创客中心,昆山市实验小学的学生综合素质评价,昆山经济开发区世茂小学的纸笔课堂,等等。另外,有1所学校建成为全国数字化校园建设和创新应用示范校,2所学校建成为江苏省中小学智慧校园示范校,93所学校建成为江苏省中小学智慧校园,2所学校建成为苏州市四星级智慧校园,95所学校建成为苏州市三星级智慧校园。

区域英语教师智能技术应用调研及培训优化研究

□ 陈菲菲*

一、引言

2019年教育部印发了《关于实施全国中小学教师信息技术应用能力提升工程2.0的意见》，提出开展以学习者为中心的智能化教学环境建设，建设和应用泛在、灵活、智能的教育教学环境，大力开展智能教育；实施教育信息化2.0行动计划，开展智能教育，是顺应智能环境下教育发展的必然选择。当前以人工智能为代表的信息技术已经成为教育系统性变革的内生变量，教育信息化进入了创新发展的2.0时代。由此可见，提升智能化教学技术已成为信息化2.0时代教师信息技术素养建设的一个新方向。

笔者在苏州智慧教育示范区中小学教师信息技术应用能力提升工程培训中开设了"智能工具赋能英语教学"课程。为深入了解参训教师智能技术与英语教育教学的融合情况，笔者对参加培训的中小学英语教师智能技术使用状况进行了问卷调查，通过对调查结果的分析，有针对性地提出对策、优化课程设计，从而增强培训效果。

二、英语教师智能技术应用素养调研的问卷设计和实施

问卷以苏州大市参加智慧教育示范区中小学教师信息技术应用能力提升工程培训的中小学、幼儿园英语教师为抽样总体，主要围绕教师的基本信息、智能技术使用现状、智能教学应用能力培训需求三方面展开，采用网络形式发放。调研对象涉及苏州大市幼儿园、小学、中学英语教师，总体抽样891人，回收问卷891份，有效问卷884份，问卷有效率达99.2%。

---

* 作者单位：苏州市金阊实验中学校

三、英语教师智能技术应用素养的调研结果分析

1. 教师基本信息分析

教师基本信息如表 1 所示。

表 1　教师基本信息

类别	性别		教龄					职称				学历			学校分布		
	男	女	5年以下	6-10年	11-20年	21-30年	30年以上	初级	中级	高级	其他	专科	本科	研究生	幼儿园	小学	中学
比例/%	11.76	88.24	36.88	18.21	28.96	11.76	4.19	31.12	41.97	13.69	13.12	1.02	75.97	23.01	2.94	51.02	46.04

（1）从性别结构看，样本中男性教师比例为 11.76%，女性教师比例为 88.24%，说明参加在线培训的女性教师远远高于男性教师。

（2）从从教时间看，5 年以下占 36.88%，6—10 年占 18.21%，11—20 年占 28.96%，21—30 年占 11.76%，30 年以上占 4.19%，各阶段教龄分布比较符合统计学意义，老、中、青教师比例适当。

（3）从职称来看，初、中级教师比例达到 73.19%，占绝大多数。

（4）从学历层次来看，专科学历教师占 1.02%，本科学历教师占 75.97%，研究生学历教师占 23.01%。研究生学历中教龄 5 年以下的教师占比最高达 36.2%，本科学历中教龄 11—20 年的教师占比最高达 87.89%，整体而言，教龄越低，学历越高。

（5）从学校分布来看，幼儿园、小学、中学教师样本抽取比例分别为 2.94%、51.02%、46.04%。

2. 教师智能技术应用现状调研分析

（1）教师对人工智能概念有一定了解，但对于关键技术和具体应用熟悉程度却须加强。

在调查问卷中设计了量表题，采用 5 点量表计分方法，从"非常不符合"到"非常符合"，分别计 1—5 分。在"我了解'智能技术'的相关术语（如人工智能、大数据、语音识别、学习分析等）"一题中，作答平均分值为 3.4 。在"我了解'智能技术'的关键技术（如图像识别、大数据、语音识别、机器学习等）"一题中，作答平均分值下降为 3.29。对于"我熟知不同智能技术在教育教学中的不同应用场景"，作答平均分值仅为 3.14。

在线培训之后，教师也在培训感言中谈到平时生活中会接触到人工智能、大数据、语音识别等相关智能技术的术语，但是在日常的英语教学过程中，却很少了解到智能技术还能应用在教学工作之中。

（2）教师有着强烈的学习愿望，但存在对相关教育政策了解不够、缺乏智能化教学环境的困扰。

参训教师中，50岁以上的教师有48位，占比5.43%，教龄在20年以上的教师有141位，占比15.95%，多年耕耘在教育岗位的资深教师同样有学习智能技术融合英语教学的强烈愿望。在"我会积极通过多种渠道了解学习智能技术应用英语教学的信息与技术"一题中均分高达3.79，30.77%的教师选择了完全符合，显示出教师希望能不断学习如何将智能技术融合于英语教学之中，对于信息化教学技术有着较高的学习热情。

但是相比较而言，在"我查阅过智能技术与英语教学相关的教育政策"作答均分仅为3.27，由此可见，教师对于相关的信息化教育教学政策还不够了解。关于上课环境的问卷调查，56.45%的教师选择了简易多媒体教学环境，40.05%的教师选择了交互式多媒体教学环境，仅有1.7%的教师选择了网络教学环境和1.8%的教师选择了智能教学环境（如平板电脑、智能终端等）。

（3）教师在教学管理中，智能技术使用类型多样，应用环节广泛，但偏向于"拿来主义"。

问卷调查显示，仅有2.83%的教师从未在教学或办公中应用智能技术。关于"目前我主要将智能技术应用于英语教学的哪些方面"，95.14%的教师用于获取教学资源，81.33%的教师用于创设教学情景。教师在课前备课、课中授课、课后作业布置评价中均广泛应用了智能技术。但数据显示教师更愿意利用智能技术获取现成的教学资源，缺乏独立制作个性化教学资源和教学情景创设，更多的是学习与借鉴，智能技术的利用程度更加偏向于"拿来主义"。

3. 教师智能技术培训需求调研分析

调研中设计了以下问题："关于智能技术赋能英语教学，我希望获取哪些方面的信息及技术？"其中选择课堂教学的有90.5%，选择教学备课的有89.37%。由此可见，中小学英语教师尤其需要在课堂教学及教学备课环节，获取智能技术赋能英语教学的相关信息及技术。一线教师对于智能技术培训的需求，更多在于日常的备授课教学工作。

如表2所示，在评价分析方面，中学教师培训需求更明显，在英语智能学习工具推荐方面，小学教师有着更大的培训需求，而幼儿园教师两者都较低。各学段不同的智能技术培训需求是由不同的教学对象和教学工作侧重点决定的。

表2 各学段教师的智能技术培训需求

	教学备课	评价分析	课堂教学	英语智能学习工具推荐	其他
幼儿园教师	11(73.33%)	9(60%)	13(86.67%)	11(73.33%)	2(13.33%)
小学教师	395(87.58%)	326(72.28%)	409(90.69%)	353(78.27%)	11(2.44%)
中学教师	373(91.65%)	309(75.92%)	368(90.42%)	311(76.41%)	18(4.42%)

4. 不同类别教师智能技术应用状况的调研分析

本文将教师基本信息的性别、教龄、学历、任教学段作为自变量，选取智能技术应用状况作为应变量，运用 SPSS 统计软件进行差异性分析。

（1）不同性别教师智能技术应用状况。

通过调研结果分析（图1），男女教师在利用智能技术进行"获取教学资源""设计作业、考试及其他评价方式""向学生提供个性化学习资源""分析学习数据"等方面没有显著差异。在"创设教学情景""创新课堂教学方法"等方面，女性教师比男性教师更倾向于利用智能技术进行教学设计。

方差分析结果

	您的性别(平均值±标准差)		F	p
	女(n=780)	男(n=104)		
获取教学资源	0.96±0.20	0.91±0.28	3.665	0.056
创设教学情景	0.83±0.38	0.70±0.46	9.724	0.002**
设计作业、考试及其他评价方式	0.59±0.49	0.67±0.47	2.900	0.089
向学生提供个性化学习资源	0.58±0.49	0.59±0.49	0.008	0.931
创新课堂教学方法	0.77±0.42	0.64±0.48	8.363	0.004**
分析学习数据	0.50±0.50	0.59±0.49	2.918	0.088

* $p<0.05$ ** $p<0.01$

图1 不同性别教师智能教学技术使用状况比较

（2）不同学历教师智能技术应用状况。

如图2所示，不同学历样本对于"我会在日常教学中向学生推荐一些实用的英语智能学习APP"没有显著性差异，而对于"我熟知不同智能技术在教育教学中的不同应用场景""我能在日常办公和教务教学管理工作时选择合适的智能技术工具""我能使用智能技术工具来诊断和解决所遇到的英语教学技术问题""我能熟练使用智能技术工具获取英语教学资源"等4项呈现出显著性差异，本科学历教师在智能教学技术应用方面均分更高。

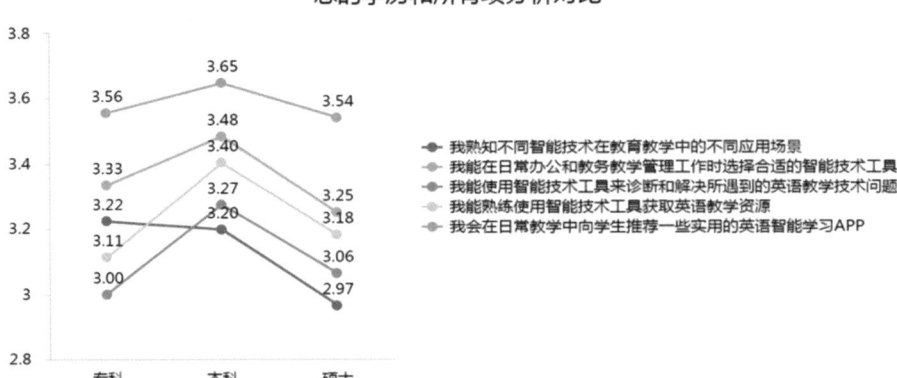

图2　不同学历教师智能教学技术使用状况比较

（3）不同教龄、年龄、职称、任教学段智能技术应用状况。

根据调查问卷，在智能技术应用情况方面，不同教龄、职称、年龄的教师无明显差异，而不同任教学段的教师利用智能技术分析数据状况略有差异，中学教师这方面数据分析使用情况要高于其他学段（图3）。

方差分析结果

	您的身份(平均值±标准差)			F	p
	小学教师(n=451)	中学教师(n=407)	幼儿园教师(n=15)		
分析学习数据	0.47±0.50	0.56±0.50	0.27±0.46	3.830	0.010**

* $p<0.05$ ** $p<0.01$

图3　不同学段教师利用智能教学技术分析数据状况比较

四、中小学教师在线智能技术培训课程设计优化

基于"区域中小学英语教师智能技术使用现状"调研分析，笔者对在线教师信息化培训课程"智能工具赋能英语教学"进行了设计优化。

1. 关注前沿技术介绍

针对区域中小学英语教师对于智能技术相关政策及AI关键技术不够熟悉的现状，《智能教学技术概述》在章节设计中，除了常规的人工智能概要介绍外，还增加了国务院颁布的《新一代人工智能发展规划》相关内容，帮助教师从政策层面了解智能教育技术的应用。同时增加了2021年11月发布的两份人工智能结合教育的原版英文国际报告：*AI in Education*及*AI and the Future of Learning*，帮助受训教师把握最新人工智能融合教育的发展新方向。在介绍人工智能概念时，重点介绍智能技术的图像识别、语音识别、大数据、学习分析等，启发教师思考智能技术在英语教学中的实际运用。

2. 重视实用课程内容

在调研过程中发现，教师参加信息化培训主要期待能够学习掌握备、授课实用的智能技术。在"智能工具协助教师备课"章节设计中，介绍了英语教师常用的微视频智能制作工具、智能PPT处理软件、智能图像处理工具、语音智能合成工具等。立足于一线教师的角度，介绍了简单易用的智能技术，以"实用"为准绳介绍可以与英语教学深度融合的智能技术。在"智能工具助推自动评分""大数据+AI推动个性化精准教学"中，具体介绍了如何利用智能工具进行数据分析，从而达到个性化精准教学。

3. 注重训后学用转化

受训者在情感、认知和行为方面的态度对学习和迁移效果的影响非常重要。要提高受训教师信息化素养，帮助教师将所学知识转化为信息化教学能力，就需要训前和训中提醒和告知教师要注意加强训后的应用。为此，在课程中笔者设置了智能技术融合英语教学设计的主观题作业，在以下三项作业中选择其一完成：①设计完成一份英语教案，请至少使用一种智能技术手段；②以文本或微视频形式介绍一种智能技术手段；③利用智能技术手段设计并制作一堂微课。当教师信息技术应用能力逐步提升时，教师才能克服"拿来主义"，基于平台资源主动制作适合教师自身的资源信息。教师在实操中巩固所学知识和技能，才能强化自身应用智能技术与英语教学深度融合的能力，提升训后学用转化效益。

参考文献

[1] 邢西深. 迈向智能教育的基础教育信息化发展新思路[J]. 电化教育研究, 2020(7): 108-113.

[2] 张熙, 潘志松. 智能化进程中课程改革的现状、问题与展望[J]. 上海教育科研, 2019(9): 87-90, 52.

[3] 关楠楠. 我国中小学教师信息技术培训的效果比较研究[J]. 上海教育科研, 2012(3): 35-38.

学校实践

建设"和合"智慧校园　助力数字公民培育

□ 洪　松*

2021年，学校信息化工作组以建设"和合"智慧校园为契机，不断加大软硬件投入，探索普及人工智能、信息化、数字化教育新模式，充分发挥学校信息化设备、大数据和线上教育平台的作用，先后成功申报苏州市线上领航学校和苏州市数字公民培育计划项目学校。随着姑苏区教育大数据背景下个性化学习资源智能推荐研究，学校不断深化信息技术与其他课程整合研究，其中《依托数据分析，精准施策提升数学课堂练习实效的研究》等8项课题研究获2021年度苏州市义务教育学业质量监测结果运用优秀案例立项。根据智慧校园建设的相关要求，依托各类信息化资源库建设，打通校内外的资源，共享教育信息化发展成果。

根据智慧校园建设相关要求，依托各类信息化资源库建设，打通校内外的资源，共享教育信息化成果，学校在"和合"文化的引领下，围绕课程体系建构、信息素养提升、传统创新融合、特色路径彰显等方面，不断实践将智慧教育技术融合于教学、融合于管理、融合于服务。

一、顶层设计，构建更加完善的课程体系

学校将信息化、人工智能教育工作纳入学校整体发展规划中，依托学校创新实验室的建成和投入使用，三至六年级全面开设人工智能课程，建立人工智能机器人、3D打印、创意编程等社团；三年级以信息技术基础知识、WeDo基础入门为主，四年级以STEM为主，五年级以乐高EV3为主，六年级以AI机器人为主，打造集劳技和编程于一体的人工

---

* 作者单位：苏州市金阊新城实验小学校

智能课程体系。学校立足现有教学框架，与西北工业大学（以下简称"西工大"）长三角研究院共同开展小学阶段人工智能教育、机器人教育、航空教育科普工作；充分发挥姑苏区周末少年宫拓展点的优势，与校外教育平台联动，充分利用校内、校外社团，扎实开展课程分层实施，并取得了显著成果。学校还成立了专门的项目研究团队，邀请西工大专业团队进行顶层设计，修订完善了现行社团课程体系，将人工智能课程进行了重新定位和设计。西工大在人工智能技术、虚拟现实技术等研究领域优势突出，将为学校人工智能教育基础环境建设、师资培养、课程教学研究等方面提供专业指导。

二、加强整合，涵育学生信息化应用素养

教育教学质量是学校发展的关键，学校在原有基础上，以技术啮合学科教学，继续打造大数据思维下的课堂教学新模式，着力开展"基于数据诊断的区域性学业质量监测"项目，加速教学中师生的应用性与参与性，中高年级语、数、英、科四门学科继续通过大数据平台，进行常态学业水平监测，方便为学生找出知识、能力的"短板"，也为教师下阶段的教学指明方向。加大信息技术与学科教学有机整合的力度，为学生搭建学习交流应用信息技术的平台，引导学生学会运用信息技术手段，利用网络资源开展主题探究学习，学会探究，体验探究，享受探究的快乐，拓展自己的视野，丰富自己的知识结构。选拔学校信息技术方面有兴趣浓厚和特长的学生，成立信息技术社团，定期开展信息技术社团活动，提高学生的计算机操作能力；结合姑苏区信息技术比赛，做好学生的赛前辅导工作。在各级各类信息技术、网络安全知识、无人机竞赛中，学校取得了不俗的成绩，尤其在2021年江苏省青少年无人机大赛飞行操控和创意编程两个类别中，有4位同学获一等奖，6位同学获二等奖。

三、完善组织，提升教师信息化能力

通过梳理信息化软硬件设施设备，学校逐步建立数据化管理平台，明确职责分工，不断完善管理体制。学校建立了教育信息化校长负责制，形成信息化工作有牵头、有计划、有落实、有过程、有考核的工作机制；以学校网络直播平台、教师办公信息化设施、大数据项目、线上领航学校、人工智能学校为着力点，以学生的发展和教师的成长为本，让"培训—学习—考试—教研—应用"一体化，坚持"研训一体"，以研代训，以研促训，突出针对性、实效性和先进性，在实践中学习，在应用中提高；从根本上改变传统教和学的观念及相应的学习目标、方法和评价手段；立足于培养具有创新精神和实践能力的新型师资，全面提高全校教师队伍的信息素养。学校已经有数学学科的部分教师掌握了希沃一体机的软硬件应用,并学习使用无线同屏、大数据分析、3D立体旋转等前沿技术融入常规教学中;接下来将继续根据学科特点,分层、分批、分类进行培训,并进行校内竞赛;对中老年教师进行信息技术常规设备的操作培训,对青年教师在常规操作培训的基础上进行电子白板使用的培训,并鼓励他们积极参加信息技术网上培训活动,通过多种途径提高教师的信息技术素养。

四、加大投入,三花科技馆传承地域文化

学校高度重视人工智能教育,不断加大投入。2021年学校立足金阊新城三花传统,通过招投标建设"基于物联网技术的高科技三花基地",智能监控空气及水土温湿度,接入姑苏教育大数据,切实让苏州传统"听得到",更"看得到""闻得到"。除了现有支持人工智能教学活动的创新实验室外,学校还自主改造多功能教室、科学室等,增加人工智能教育场所,完善软硬件设施和文化建设,配备了符合人工智能教育教学环境的设施设备,支持教学活动的无线网络、计算等功能,可完成移动设备屏幕无线投射至大屏幕,支持通过Wi-Fi与平板教学软件进行连接,师生自由切换,授课场景、课件可直接调用和播放,尽全力满足学生人工智能上课需求。另外,学校建设有供72个班级同时收看的直播系统,方便组织各类人工智能知识普及、竞赛活动。同时,学校也关注科技的最新发展,有配套的人工智能授课课程"美科STEAM教材""EV3"等,向学生普及人工智能基础知识,培养其基本认知。

五、彰显特色,实践"内和于课、外合为科"

学校具备信息技术能力强、对人工智能教育感兴趣的教师队伍,并按要求参加和组织相关培训与教研活动;以建设信息化大数据、线上领航学校和人工智能学校为着力点,学校重视人工智能教育研究,结合实际开展特色教育活动,实践"内合于课、外合为科"。内和于课是指教育技术对常规课程的优化,如基于"希沃"平台教学《圆柱与圆锥的认识》,教师通过无线同屏、智能投影、大数据分析、3D立体旋转等前沿技术,让整个课堂充满了交互性、灵活性和便捷性;"外合为科"是指教育技术的发展催生了一批基于STEAM的融合创新课程,包括拓展型和研究型课程。低、中年段STEAM社团采用基于设计的学习方法,高年段STEAM社团则逐渐转向更为高位的"基于设计的学习",两者在实施过程中互相渗透,体现课程建构的有序化,这也是学校区级课题"'和合'之下的STEAM创'科'之道"内容。

下一步，学校将继续结合信息化、人工智能教育发展需求，积极开展信息化、人工智能教学研究，逐步推广编程教育，增加举办和参与各类信息化、人工智能竞赛的频次，鼓励进行形式多样的信息化、人工智能科普创作，全面提高学生科学素养和创新能力。

知行合一 笃行致远
——关于"勤·惜"在线学习有效性的实践与思考

□ 俞 辰*

一、在线学习有效性背景

在新冠病毒感染疫情防控背景下,全国各地积极应用线上学习平台,开展在线教学。线上学习平台并不仅仅意味着学生独自在家上网课,而是一种涵盖范围更广的学习方式。在线学习如火如荼地开展,对于大部分教师而言,这也代表着一次全新的尝试。本文主要围绕在线教学形式的合理选择、在线教学内容的高效组织、线上线下学习质量的保证等问题进行讨论。

有效学习:首先,学生能够按一定要求,在规定时间内保质保量地完成学习任务;其次,能在保证学习任务完成的基础上,积极主动地运用各种学习工具去拓展相关的知识,或者深入了解感兴趣的内容;最后,能够灵活地将已经学到的知识应用于实践,从而达到自身的全面发展。

从过去进行的在线学习实践来看,学生可能存在以下问题:学生在师生分离的状态下容易缺乏学习动力和深度学习的个性化指导,课后的学习活动容易被忽略或流于形式等。

学校在准确理解市、区相关文件精神的基础上,立足"勤·惜"的教育理念,制定和规划在线教学的整体实施方案,科学设计教学组织形式,充分优化在线教学途径,共同丰富

---

* 作者单位:苏州市善耕教育集团勤惜实验小学校

在线教学资源，帮助学生将知识与实践相结合。

二、"勤·惜"有效在线教育实践

为确保防疫期间教学工作的有序进行，提升学生在线学习的质量，提高教师组织、指导学生进行在线学习的有效性，本文以本校师生、家长为研究对象，面向全校学生家长进行了在线问卷调查。调查的内容主要包括"教师提供的在线学习资源""教师提供的在线学习指导""学生在家自主学习的情况"，以及对在线教育的"认同、效果、存在问题和期望"等。本次调查通过问卷星组织实施，共回收有效问卷597份，调查样本基本信息见表1。

表1 苏州市勤惜实验小学校学生寒假居家线上学习情况家长问卷基本信息统计

类别	选项	样本数	占比	类别	选项	样本数	占比
身份	父亲	130	21.78%	年级	一年级	193	32.33%
	母亲	456	76.38%		二年级	174	29.15%
	爷爷奶奶或外公外婆	7	1.17%		三年级	161	26.97%
	其他监护人	4	0.67%		四年级	69	11.56%

1. 家长对于特殊时期开展线上教育的关注度、认同度较高

家长对孩子线上学习都很重视。其中，83.4%的家长对线上学习较为了解，92.8%的家长对线上学习的开展表示赞同，还有7.2%持反对意见。从中可知，家长对于线上学习的支持度较高，学校要努力争取7.2%持反对意见的家长也认可线上学习。同时积极主动地与7.2%持反对意见的家长进行沟通，了解他们反对线上学习的原因，然后采取有针对性的措施，帮助家长在了解线上学习的基础上支持开展线上学习。

2. 开展多样化线上教学，激发学生学习动力

在线教学与日常的班级授课相比，在授课组织形式、授课环境、教学媒体、教学资源等方面都发生了变化。学校的线上学习，主要使用苏州市线上教育中心的精品课程。教师对学生进行辅助性的在线指导，主要使用的工具为电话、QQ和微信。根据问卷调查的结果，98.82%的家长表示孩子所在班级的教师提供了丰富的线上教学资源，85.76%的家长认为教师的指导对孩子的学习很有帮助。家长对于教师提供的指导很关注，大部分教师采用了多样的形式对学生进行个性化的辅导，分享了以视频、文档、音频为主的丰富的学

习资源。由此可知，线上教学可以网络课程为基础，结合互动交流、在线答疑、资料分享、班级管理、评价巩固等环节，提升学生线上学习的质量。

3. 学校校风的体现

学校以"勤·惜"为校风，鼓励学生勤学、惜时，做勤奋之人。线上学习期间，许多学生乐学上进，体现了"勤·惜"精神，积极观看线上课程，就其中的知识与教师、家长进行沟通，闲暇时还进行自主补充练习。

三、教师提高学生在线学习有效性的策略

1. 科学组织，多样实施

教师在指导学生进行在线学习时，可以班级为单位，就线上课程的开展做好积极动员，借助家校合作，保证学生的学习活动顺利开展。教师可在苏州市线上教育中心的平台上查阅学生的学习情况，如学习时长、登录次数等；也可以采用电话、QQ、微信等方式及时了解学生的学习情况，解决存在的问题。

2. 整合优化，资源支持

苏州市勤惜实验小学校通过校园微信公众号及时发布苏州市线上教育中心的课表、"冰雪季"活动、"苏·慧"全年级通识课程等在线学习信息，便于学生进行及时、有效地自主学习。

学校以年级、学科为单位，积极合作，将教师推荐阅读书目、知识归纳、学习建议等教学资源进行共享，整合优化后，根据班级情况，在班级群内进行资源的分享，供学生在自主学习时参考。

3. 多元评价，全面发展

线上教育课程多样，除了常规的学科课程之外，还有"防疫知识微课""心理健康教育""宅家锻炼课程""法制小知识"等，学生和班级同学的学习测评情况会在学习动态中展示，实现学生自评和生生互评。

教师评价也将作为在线教育评价体系的重要一环。教师可以结合线上学习平台上学生的登录次数、学习时长、学习测评、学习笔记等情况，在班级群里对学习积极、表现出色的学生进行表扬，便于家长了解孩子的学习情况。

针对面向班级提供的学习资源，教师可以引导学生自主利用适用于预习的先导性材料，也可以师生互动交流，了解自己对线上课程的知识掌握情况，方便查漏补缺。

四、对学习者提高在线学习有效性的建议

1. 制定目标,选择学习

学习者在学习之前,首先应该为自己定好目标与计划,应考虑学习内容、学习形式、学习时间分配等,并准备好相应的物品。学生也应该关注学习时间的分配问题,明确一段时间内要完成哪些学习任务,这样不仅可以将所学习的内容进行"分配",还能够让学生实现自我督促,调节学习的进度。学生在学习中会发现一些或难或易的知识点,它们消耗的时间不同,学习时不能不知变通,切莫让一个知识点或者难题消耗了过多的时间,以免影响其他的学习进程。

2. 寻找环境,自主学习

安静的学习环境往往能够使人得到心灵的净化与性情的陶冶,而喧嚣嘈杂的学习环境往往让人烦躁,不利于学习。如果条件允许,建议学生尽量选择在书房进行在线学习。一方面书房比较安静,不会有嘈杂的声音;另一方面书房的学习氛围比较浓厚,有利于专注思考。如果此时家长在旁阅读或办公,会形成一种互不干扰却又能相互激励的学习氛围,身处于其中的学生会不断对自己进行鞭策,逐渐养成自主学习的习惯。

3. 勤记笔记,高效学习

在学习过程中,学生要勤记笔记,因为记笔记的这个动作,需要学生在认真听的基础上才能完成。记录的内容本身是经过筛选的,所以对学生的要求也很高。记笔记能够方便学生记忆,同时,记笔记能够促进知识整合与归纳,在记录的过程中,学生可以重新梳理知识,相当于再次温习一遍内容,从而对知识有更深的了解,同时也能发现一些漏洞与问题,可以及时填补与解决。

4. 及时巩固,反复学习

在学习的过程中,不可只注重知识的广度而不在意其深度。要做到"温故而知新",即要及时进行巩固强化,加深记忆。新课过后,很多学生往往误以为自己已经完全掌握相关知识,便又去学习新知识。可是,一段时间过后面对之前的问题又会力不从心,其实这些学习者只是将"短时记忆"误以为是"长时记忆",觉得当时会了便永久会了。只有不断地复述巩固,强化记忆,才能将"短时记忆"转换为"长时记忆",永久保留于人的脑海中。因此,要做到及时巩固反思,这样才能提高学习效果。

5. 建立评价,自信学习

尺有所短,寸有所长。每个人都有其优势与不足。开展线上学习的过程中,教师和家长尤其应该要帮助学生学会挖掘自己的"闪光处",做到肯定优点,克服缺点,以饱满的热情去进行学习;鼓励学习者不断增强迎接挑战、解决问题的信心,多用激励性的话语来时刻鞭策自己,鼓励自己,促进"好学"与"学好"。

五、结束语

由于个体具有独特性,没有完全适用于每位学习者的学习方法。苏州市线上学习中心的应用为学生提供了更多样的学习渠道,在发展学习能力方面上提供了更多可能。相信伴随着学习平台的深入应用,学生学习的自主选择性会更强,可以自己制订好学习计划,使学习更加轻松化、乐趣化。

由"智"生"慧" 开启"互联网+"教育新时代

□ 杨 军*

常熟市石梅小学拥有近三百年的办学历史,前身是游文书院。随着现代教育技术的不断发展,本着"润泽生命、开启智慧、以人育人、共同成长"的办学理念,学校瞄准"教育现代化"发展方向,不断加强校园信息化建设,积极推进教育现代化工程,发挥辐射、引领作用。学校先后被评为"全国中小学现代教育技术实验学校""全国电化教育示范学校""苏州市信息化示范学校"。2014年,学校成功申报苏州市首批"智慧校园"示范校;2018年,获"苏州市首批中小学创客实践室建设实验学校"称号。

一、平台建设:让智慧校园建设得到保障

学校多年前便通过了"苏州市信息化示范学校"的评估验收,高标准实现了网络班班通,各班级和专用教室均配置了智慧黑板和多媒体投影仪、实物展示台等现代化教学设施。电子书包、平板电脑的教学应用研究等也使移动学习、一对一学习分析反馈有了硬件技术的支撑。申报苏州市智慧校园项目以后,学校更是加大了对信息化硬件建设、平台建设的投入,努力让信息无处不在,让技术唾手可得。

1. 校园网络强大

学校历来重视学校的网络建设,实现校园内外千兆运行,校园内每个办公点、每间教室都接入网络,实现校园全覆盖,满足日常教学、办公所需。学校建有数字广播、电视、视

---

* 作者单位:常熟市石梅小学

频会议系统,并在学校重要区域建设电子屏,定期播放学校公告、特色视频等,构建基于信息技术的校园文化环境。学校四周围墙装有电子围栏,学校教学区、专用场地、食堂等区域安装了150个高清数字监控,信息中心机房、门卫值班室安装视频监控设备,校长室和门卫都安装了紧急按钮,与当地公安部门系统联网,通过网络系统监控全校环境、构建平安校园。

2. 设备不断更新

近年来,学校不断加大在信息化建设方面的投入。仅2016年就花费了67.24万元,更新了三台网络服务器、一套校园数字电视直播系统,建成了一间云计算机房,购置了一套航拍设备、一套云机房软件、四套智能阅读漂流系统等;另外,又投入20万元打造了"未来厨房",配备1台触控电视机、8台触控平板电脑,并与科技公司共同研发"未来厨房"的操作系统。2017年,学校投入20多万元配置了25台超短焦投影仪,耗资60多万购置19块智慧黑板,20万元VR教学。2018年,学校投入60万元建立了录播教室,投入30多万元用于创客实践基地的建设,引入积木式教育机器人、大疆机甲、无人机等项目。这些装备的更新与投放使"思维可视化、物联网可视化"变为现实。

3. 自媒体广泛应用

学校历来重视自媒体的开发与应用,石梅网站也曾获得赞誉无数。2016年,学校在保留原有网站精华的基础上,重新邀请专业人员进行了新网站的设置与开发。全新的学校网站页面更加大气美观,资源更加丰富多样,互动更加灵活便捷,点击量很大。同时,学校还上线了网站的APP,使得校园资讯能更快、更广地与各类人群建立联系,增强了教育与宣传效应。

此外,作为常熟首个校园微信平台建设与使用的学校,我们组建了"i石梅传媒社",由专门的微信团队定期进行石梅公众号的制作与推送。近三年来,学校每年推送的微信文章就达350条之多,点击量、转载量剧增。多条微信在今日头条、中国网、搜狐、网易转发,是常熟教育关注的重点。

4. 未来厨房投入使用

未来厨房是学校智慧校园建设的一项重点工程。在进行了反复的方案论证、慎重的设备采购、精心的硬件设计等一系列工作之后,学校又与相关机构就软件的开发与优化进行合作,于2016年秋季正式启用。同年10月,学校的"未来厨房"进行了开班仪式,"童化课程"走班社团的孩子们首先在里面进行了课堂实践。通过不断改进完善,2017年

2月，学校全体六年级的学生进入"未来厨房"上烹饪实践课。同时，劳技组还组织了石梅协作组的"未来厨房应用"研讨活动，教师在学习新技术应用的同时，还分享新智慧、新理念。常熟电视台获悉学校智慧校园建设的这一创新项目之后，还前来进行了拍摄与采访，有效放大了项目的辐射力与影响力。

5. 电子书柜"落地开花"

由于校安工程的建设，学校的图书馆馆舍局促。为了保障师生的阅读需求，在每个班级设置了小小图书角，将图书馆的图书分流至各班，并通过班级漂流的方式尽可能惠泽于更多孩子。结合苏州市智慧校园建设的契机，学校购买了4套电子书柜（另外获赠了两套），以及相应的校园阅读漂流系统软件，以实现阅读的智能化、借阅的电子认证化，并对不同年龄段的学生、家长进行分类管理。这些电子书柜分别被安置在学校校门口及各教学楼的楼道口，学生、教师、家长都可以凭借市民卡进行书籍的自主借阅与归还。同时，配套的软件会即时性生成借阅数据，生成借阅排行榜等。学生的阅读感悟、好书推荐等内容也会不定期发布在书柜一侧的计算机中。

6. 创客基地建设成规模

紧跟时代步伐，2018年，学校创建成苏州市中小学创客实践室建设实验学校。学校投入资金30多万元，现拥有WER（world educational robot contest）积木式教育机器人、大疆"机甲大师"、无人机编程、程序设计（Scrach软件）、VR（virtual reality）教学、软陶工作室、版画室等专用场所，培养学生的"创客"意识。2019年11月，学校还承办了江苏省青少年科技模型竞赛（常熟市首届WER积木式教育机器人竞赛）。

二、多种举措，开发丰富数字资源

1. 资源开发

通过学校培训，100%的教师掌握了资源建设及其上传的方法。通过"常熟教育信息网平台"、校本资源库等建设了一大批课程资源，内容包括教案、学案、多媒体课件、精品课堂实录、微课、试题库及其他各类资源，初步形成了具有学校特色的全学科教学资源体系。学校建有数字化资源，包含电子期刊、电子图书、视频、音频等，通过网络随时供全校师生阅读。

2. 资源应用

学校班级教室内终端显示为超短焦投影仪，配备实物展台，实现优质资源班班通；并能利用全国一师一优课平台、苏州线上教育中心、安全教育平台、微课等省级及其他资源平台开展教学。全校 108 名专任教师全部实名制注册，开通网络学习空间，开通率达 100%。全校 1 319 名学生均开通了苏州线上教育中心平台、苏州市安全教育等网络平台。学生利用信息课这个主阵地，学习了通过信息化手段获取各种学习资源的方法，基本适应了"智慧校园"环境。学校通过数字化学习平台和网络学习空间，为师生提供了个性化、精准化的资源推送；利用班会课、综合实践活动、信息技术课等，组织学生通过网络学习法律知识、网络安全知识、个人安全防护、个人空间建设，参加各类信息化素养大赛等已是常态化工作。

3. 资源共享

学校将全国一师一优课平台、苏州线上教育中心、常熟教育信息网平台等做了优质资源整合对接，实现多重资源重整，利用互联网等多种渠道引进优质教育教学资源；通过数字化资源库，实现资源共建共享；鼓励教师原创资源、创优资源、共享资源，各位教师微课、优课上传县级以上教育资源服务平台共享；学生作品也多次在市级以上教育资源服务平台实现区域共享。

三、课程构建，让师生成长拥有更广空域

课程建设是学校"十三五"发展的重要内容，是真正促进师生整体素养提升的必然途径。智慧校园的建设有效实现了课程的开发与延展。

1. 推进"创客空间"，提升高级思维能力

技术的进步、社会的发展，推动了科技创新模式的嬗变，"创客"便是一个典型。学校从创新机器人课程到 3D 打印课程，再到"小小创客"课程，最终形成"泛创客"理论，紧跟时代步伐，及时甚至超前更新教学内容，给学生创设自主学习自我创造的空间，极大地提高了高级思维能力。

2. 做宽"技术社团"，提升自主创新能力

在多年的劳动教育探索过程中，学校已形成传统工艺、电工、纸工、编织、金木工、钳工、剪纸、缝纫、烹饪、泥工、园艺等系列课程，并研制出了校本教材，结集出刊了《劳动教育 15 年》一书。"基于信息技术的劳技教育再实践"则更需要拓宽视野，面向未来。为此，学校创设了"童化课程"走班社团活动，共开设了 70 多个门类的课程内容。在这些项目中，和信息技术、劳动技术有关的课程极其多，包括橡皮泥、生物兴趣研究、创意手工、爱奇思科学实验、乐高创意课程、拼豆豆、超轻黏土创意、毛线编织、钩针、计算机打字、绘画、插花艺术、创意线描、动漫创造、小小创客、科技实践等。这些课程的设置深受学生

的喜爱，在每周五的走班课程中，学生开阔了视野，学会了技能，实现了个性化发展。

3. 拓展学习领域，提升合作分享能力

信息技术的运用打破了学习的边界、合作的边界，使得学习与分享无处不在。打开学校云平台，可以搜索到教师的教案、预学单、微课视频，可以找到教师制作的资源包、课程包，所有的教师都可以分享和使用这些课程资源。打开学校公众号，可以看到一个个完整的课程内容。如暑期学生前往澳大利亚、新加坡研学，公众号上便有连续的报道，包括活动介绍、行走花絮、学生感悟等。

四、融合创新，凸显前瞻的技术应用

1. 智慧教学

在信息化时代的今天，应该进一步扩大"劳动"的视野，形成大劳动教育观，建构以综合实践活动、信息技术辅佐的新型劳技课程为特色的新劳动文化建设，以劳树德，以劳健体，以劳增智，以劳创新，培养全面发展的儿童。于是，"基于信息技术的劳动教育再实践"就成了学校现代教育改革的重点研究方向。

（1）课堂翻转，改变学习模式。

"未来厨房"的投入使用，无疑是对传统教学的一个重大变革。课前，劳技专职教师顾倩对教学内容进行了模块化设计，把知识或技能的讲授以微课、资源包等方式进行多媒体导学。已经制作的课程模块包括中式美食、西点美食、常熟特色美食等。学生可以随时打开计算机自主收看学习，实现自动化学习与实践。

（2）项目合作，成为学习主人。

"未来厨房"的课程往往以一个个项目为主，各班依据学生的不同特质和不同学习项目的要求成立学习小组。小组成员依据各自的特长承担不同的学习任务与分工，如课前网络自主学习、素材准备与处理、实践操作、信息互动与发布等，在"未来厨房"里，学生始终以项目实施为核心，小组合作展开学习，最大限度地凸显了每位学生的特长，激发了主动参与整个学习过程的动力，让每位学生在"未来厨房"课堂里都成为自己学习的主人。

不仅在"未来厨房"，其他课堂上的合作学习也成了学习的常态。在此过程中，学生的合作意识得到了强化，策划、组织、协调和实施能力得到了培养，更重要的是他们体验着自主学习和自我管理的成就感与满足感。

（3）及时分享，开展多元评价。

传统的课堂教学评价往往是以最终完成作品的数量和质量来进行结果性评价。这样的评价方式弱化了学生自我反思与改善的作用。而在"未来厨房"中，每个进入其中学习的学生，系统都会跟踪记录其"厨房"中的学习过程并进行技术分析。这样，教师就能根据这些数据实施因材施教，针对每位学生的学习能力、动手能力、创新能力和团队合作能力等做到一对一多维度的评价和辅导。学生也可以从中了解自己的学习情况和需要改进的地方。

此外，在传统的烹饪课堂中，学生的劳动成果除了自己享用之外就是分享给伙伴或教师。而借助"未来厨房"的社交媒体功能，学生还可以把自己的作品，甚至制作的整个过程都以实况的方式分享给自己的家人和好友，在记录学习过程的同时，也能获得他人的肯定和支持，实现评价的多元化。

（4）项目延伸，引领深度转变。

在"未来厨房"项目的引领下，"学习前置，导学引领"逐步在学校全课程中应用与推广。其他学科同样会依据教材特点，将自学内容、自学要求、自学方法等融入形象生动的课件，并录制成图、文、声并茂的视频短片供学生点击观看，或先学或巩固（如毛李华老师课前制作导学视频），并请学生在微信群里上传自己的课文朗读，其他学生和家长一起打分评价。学生对这一新颖的自学方式充满了兴趣，个个学得主动、学得生动。

在语、数、英、劳技等多个学科中，教师精心设计前置作业，力求做到形式多样，扶放相宜。以语文为例，有的前置作业是"要点罗列式"，一般包括：生字新词"我会学"、正确流利"我善读"、题目文眼"我能解"（"我质疑"）、主要内容"我把握"、课文脉络"我梳理"、重点难点"我琢磨"、好词佳句"我品悟"、拓展资料"我收集"等。有的前置作业是"师生互动式"，先由招募的"小老师"自主设计作业，教师收集后甄选录用并署上学生名字以示褒奖。有的前置作业是"版块开放式"，包括"品词赏句""问疑解惑""所思所悟""旁征博引"等。经过几年的实践与锻炼，学生提出问题和分析问题的能力、自主学习、合作探究的能力等都有了明显的提升。

2. 智慧管理

学校建有校园门户网站，经审核后，各科室的工作布置、活动开展等都能及时发布在校园网上，主动接受社会的监督。随着网络安全形势的日趋严峻，学校于2017年开始将网站交由电信托管，保证校园网站的安全。学校另申请了专门的微信公众号并及时更新信息，向社会、家长和学生展示校园动态、学生风采等内容，使之成为另一个重要的对外宣传的信息窗口。

学校对网络办公、资产管理、学籍管理、设备网上报修系统等进行无缝集成。校内各网络空间、各应用系统实现了互联互通，也实现了与省平台互联互通和数据共享。

学校还建立了数据分析模型和评估指标体系，开展基于大数据分析的教育教学管理和评价，应用学生综合素质评价系统对各班学生成绩进行全面系统的评价。

3.智慧服务

依托苏州网上家长学校、苏州线上教育平台、家校微信群、QQ群、问卷性调查等各种家校互动新形式，学校免费提供家校互动平台的服务，及时记录，综合评价学生的点滴成长；每学期都能利用微信平台开展教育工作满意度测评，不断提高服务水平；利用信息技术手段提供课程资源、名师资源等社会公益服务。

五、特色发展，打造硬核的办学理念

学校注重对各层次教师的培养，提高教师的业务水平和教学能力，为教师的智慧发展搭桥铺路。

1.培训交流开拓视野

为了更好地推进智慧校园建设项目，学校经常外派信息技术教师、劳技教师参加创客式教学培训、STEM课程观摩等。顾丽芳校长多次带领教师前往上海、苏州各校参观学习，参加项目组研讨活动。作为协作型集团的核心校，学校每学期都会组织信息技术和劳技的专题活动，如学校承办了信息技术高级研修班活动，组织了信息技术学科教师基本功竞赛、微课制作比赛，组织了未来教室的远程教研等。理念的不断革新与实践的不断切磋，保障了基于信息技术推进教学改革的稳步实施。

2.实践反思增强智慧

如果说前面所提到的内容更多的是在理念上更新了石梅老师对于智慧项目、教学变革的意识，那么，从理念走向实践是更为重要的探索与行动。

（1）问题先行启动变革。

在2015年培训的基础上，在信息化的背景下，学校持续开展了"基于问题"的主题式、梯队式教学研讨活动。首先，顾丽芳校长借助"石梅大家讲坛"，向全校教师进行了信息化背景下"基于问题"的课堂实践与思考的讲演，清晰地传递了新形势下教师理念更新的必要性，以及"从问题开始，让学生真正成为学习主体"的紧迫性。其次，顾丽芳校长又以直播的形式进行了远程教研，在协作型集团内公开教学《高尔基和他的儿子》。顾丽芳校长通过引导学生课前借助网络平台自学课文，然后撰写给高尔基的一封回信，进而分析整理出学生在自学中的收获与困惑,以此作为教学的起点,组织学生以小组合作的方式思考讨论,生成智识。协作区内各校教师足不出户,在自己的校园里,全程观摩了顾丽芳校长的公开课及讲座,并参与了后续的交流,这一盛况在常熟乃至苏州都是一次全新的尝试。

接着,各学科分管领导、骨干教师等进一步围绕该主题进行了"发芽课"校级展示,之后是年级内"苗苗课"的实践研磨。教师每一堂课都能精心设计预学单或者微视频供学生先学,课上组织学生合作研学,课后拓展实践开展延学,形成了石梅"问学课堂"的基本样态。据不完全统计,仅2016年一年间,便有53位教师执教了研讨课,60多位教师参与了主题式的评课。学校聚焦教学方式变革的主题式研究持续而深入,2017年,学校语文组、数学组、英语组、体育组四个教研组均获得市级优秀教研组,有12位教师获得市级学科带头人能手称号,学校市级以上骨干教师比例达70%。

(2)聚焦核心深入变革。

作为"智慧校园"推进项目中的核心部分,学校尤其加强在信息技术、劳技和科学学科方面的"智慧建设"。担任这些学科的教师全部都是市级骨干,其中,4名是市级学科带头人,3名是市级教学能手。整个信息劳技团队的教师以智慧校园的理念、以学校主课题的理念统领实践,不断进行课堂探索,取得了卓著的成果。劳技教师顾倩执教的《绳结工艺:编平结小挂件》获得江苏省小学劳动与技术优秀课评比一等奖,撰写的关于智慧厨房应用的论文发表于《江苏教育》。劳技教师汪明波执教的《泥板笔筒》在苏州市劳动与技术优秀课评比中获得一等奖。2017年6月,学校参加苏州市义务教育改革项目学校特色文化建设共同体成果展示活动,展出了学校基于信息技术的新劳动教育特色成果,顾倩老师在"未来教室"执教的劳技课《手工麻糍》受到了与会专家和教师的好评。2019年,学校10多节劳技微课入选苏州资源平台。

(3)多管齐下铺开变革。

学校还通过各种方式、各门课程进一步铺开变革的力度,取得了实实在在的效果。为了给学生提供更多真实的英语实用环境,学校先后与美国、澳大利亚等国家多所学校签订为友好学校,促进双方师生的互动交流。以友好学校之一的澳大利亚维多利亚州利迪亚德路小学为例,学校诸多学生主动报名参与了两所学校的课题研究。学生通过各种技术平台找寻彼此感兴趣的话题,如家乡美食、家乡传统等,然后通过制作卡片、PPT、视频等方式进行网络交流。

信息技术还被学校教师应用于体育学科。体育教材中有很多腾空、翻转等完成速度很快的技术动作，学生很难把这些瞬间完成的动作看清楚，体育教学中同时还需要教学广播操、特色操等，学生常常会顾此失彼或者遗忘动作，为此，体育教师借用摄像机把这些动作记录下来，然后进一步编辑重组放在石梅网上。这样，教师可以在教室里点播供学生学习，家长也可以在家里点播供学生巩固，从而为学生创造了一个更大的学习时空范围。

同样地，综合实践组的教师借助"问卷星"制作学生问卷；书法课教师个人参加书法培训，并将过程录制下来剪辑播放给学生收看；道德与法治、劳技、体育等多门学科的教师均有制作微课课例放在学校网站上，既可供本校师生共同使用，也可远程提供给偏远结对学校使用。

六、未来展望，让智慧校园发展更具潜力

随着学校校安一期工程建设的完成，封闭了6年的老校区重新恢复使用。恢复石梅的传统劳技项目金工、木工、陶泥，并加强创客空间、机器人空间等的建设。校安二期工程建设即将开工。随着二期工程的完工，届时将会增加一幢新的楼舍，它是具有现代气息的小小工程院，是实现传统工艺与现代技术融合的一个个小作坊；如今的食堂也将被打造成智慧校园生活馆，里面设置有"未来厨房"等。此外，学校智慧养殖园也已进入设计阶段。

网络信息化是无法阻止的浪潮，信息化是面向未来世界必须打开的窗口。在信息、技术、数据日新月异的今天，致力于打造基于校园网络化下的"智慧校园"，以"智慧"点燃师生智慧，开启"互联网+"教育新时代，是大势所趋。为此，我们将继续不断努力，持续改善。

信息化教学在幼儿园学前教育教学中的应用

□ 张雨宁*

一、信息化教学在幼儿园学前教育教学中的必要性分析

1. 互联网普及带来巨大的教学优势

在生活中,快速普及的互联网带给人们诸多的便利,除了进行娱乐放松活动之外,还可以将其应用于教育教学方面。在新时期的发展背景下,线上直播教学不断催生着教育事业的转型升级。线上直播的课堂涵盖不同的学科领域与年龄层次,不但可以解决因外在原因导致的学生学业延误困境,而且可以调动学生的学习主动性。

2. 信息化教学中线上直播教学顺应了时代发展的潮流

"互联网+幼教"的创新模式日益受到广泛的接受与欢迎,它是指以互联网为载体,运用互联网信息技术(包括移动互联网、云计算、大数据技术、物联网等)且基于幼儿教育工作的统称。整合国内外优质教育资源,建立完整的内容体系标准,改变学前教育传统经营模式,总之就是利用互联网全力打造幼教生态圈,连接一切优质幼儿教育资源,建立幼教生态圈。

3. 线上直播教学是"停课不停学"的最佳选择

传统的幼儿园学前教育教学中,线上直播教学较为罕见。而从2020年以来,线上直播教学的格局发生了转变,各种培训机构开始逐步以线上直播教学的模式来替代线下实

---

* 作者单位:苏州市吴江区实验幼儿园教育集团太湖园区

体教学形态。2020年新冠病毒感染疫情带来了一场公共卫生危机，为了不影响不同年龄段学生的学习进程，在保障学生生命安全的前提下，教育部提出了"停课不停学"方案，从幼儿园到大学作出了全面的战略部署。

二、幼儿园学前教育线上直播教学的现状

线上直播教学作为一种新型的教育形态，具备着巨大的优势。如今，线上直播教学已经被小学、中学、大学等阶段群体广泛应用，而在幼儿园学前教育中应用和实施，也具有至关重要的作用，为学前幼儿提供了全面的资源学习平台。将线上直播的内容与幼教课程紧密融合，也是未来幼儿园学前教育教学的发展趋势与方向。与其他的线上教育教学课程相比而言，幼儿园学前教育教学更应注重学前幼儿与教师之间的双向互动。同时，受到全球新冠病毒感染疫情的影响，苏州市2020年上半年开展线下实体学前教育教学的可能性低。开展线上教学，是保障学前幼儿教学进度的有力举措，同时这也是从事教育事业工作者所面临的新挑战。各校通过推送微信公众号的方式开展"停课不停学"活动及线上家访活动，得到了学生与家长的一致好评。

三、幼儿园学前教育教学线上直播教学的优化策略

基于所累积的线上信息化教学的经验，现从如下几个方面介绍线上直播教学在幼儿园教育教学中的优化策略。

1. 利用课前与课上的时间，精准高效完成学前教育教学目标

在开展线上直播教学之前，教师应当推送一些经典案例视频，充分激发学前幼儿的兴趣。例如，在"陶瓷"主题中，幼儿教师可推送关于中国的陶瓷视频。形象生动的视频可以与相关的建筑、文化、故事等产生一定程度的联系，通过游戏的引导，幼儿能够充分感知并认识到这一传统文化遗产，做好充分接受知识的准备。教师应当融入一些图片、视频对教学内容进行设计，通过线上直播资源平台与幼儿互动，将枯燥的课程转变成生动的学习体验。

2. 依托互联网和新媒体技术，构建线上家园共育网络课堂

为完善家园共育的渠道，应当积极构建线上家园共育网络课堂。例如，某幼儿园借鉴翻转课堂的创新理念，将其应用在微课制作软件中，利用三维翻页展示模式制作图、声、像一体化的阅读微视频，为幼儿家长与学前幼儿提供了通过微信资源平台阅读书籍的便捷渠道。同时，选拔具有专业知识素养与解读能力的教师结合不同的活动主题，推荐具有阅读价值的图书，科学指导学前幼儿家长与幼儿共同理解经典图书内容。这种家园共

育的线上直播教学模式实现了线上教师专业引导与线下幼儿家长指导的创新教育教学形式，有效提升了家园共育的质量与效果。

3. 利用大数据思维，构建网络化的科学评估机制

为全面深入了解家园共育的质量效果，幼儿园应当全面建立基于学前幼儿家长、幼儿教师、幼儿园的全方位空间评估体系，并利用大数据、人工智能等现代化信息技术手段，实现线下评估向线上网络评估的转变。在评估体系中，课程的评价和教师的评价两大模块，涵盖家园共育的工作内容，家长可根据需要在网络终端进行在线交互评价。同时，教师通过家长在线反馈，可有针对性地调整线上直播的内容和进度。在评估结束之后，幼儿园可以将采集的数据通过大数据技术在后台进行整合、分析、比对，利用评价结果为幼儿园管理者提供专业的决策，并促使幼儿教师与家长之间搭建良好的家园共育互动关系。

4. 搭建区域间学前教育资源共享与视频交流平台，实现教育一体化

为进一步提升幼儿园的办园水平，增加各个学校之前的交流和合作，在幼儿园之间也可以进行线上的交流活动。例如，2020年12月24日，吴江区直属片组织赴江阴跟岗的园长开展线上分享培训交流活动，直属片各园都在本园内进行了一次"足不出园"的教研活动。活动的开展让更多的教师拓宽教育视野，提升专业素养，同时也在交流互动中深化各幼儿园课程建设和管理的体制。同时，构建网上交流平台向其他幼儿园传播先进科学的教育理念，可以帮助管理者了解先进的管理理念，实现区域间优质学前教育资源共享。此外，为提升线上直播教学的质量和效果，幼儿园应当形成统一的同步连线直播平台，构建网络学前教育现代化与会议常态化平台体系。这为幼儿园管理层和幼儿教师摸索出一套高效的工作模式，实现幼儿园管理与教学的信息化融合。

5. 推行园内的微信公众号，辅助线上直播教学的顺利开展

为了更好地借助信息化手段，增强家校共育的效能，让信息实时分享，幼儿园应当积极推行家园双向网络化管理信息。微信公众号平台则为线上直播教学提供有力辅助，帮助幼儿家长与幼儿教师及时了解学前幼儿的成长动态。幼儿园要构建沟通、安全、教学、成长、健康一体的综合应用平台，让智慧幼儿园迈向实际。比如，在微信公众号中可定期发布孩子的发展情况、各类节日活动的开展情况等，教师也可借助此平台发布任务，引导家长配合教育工作，让家长看到孩子的成长过程。

四、结束语

通过信息化教学，我们可以线上开展形式多样的教育教学活动。一方面，充分利用网

络资源平台为课堂教学增添乐趣，另一方面，通过线上的联系与视频互动的形式，增强师生之间的关系。信息化教学也使得园际之间的交流变得更加深刻，为教师的成长和发展提供广阔平台。在过去的2020年，我们都是"停课不停学"的受益者，学前幼儿通过在家学习知识，为进一步学习打好坚实基础；教师则通过线上教学提高自身的信息技术能力。由此可见，信息化教学在未来的幼儿园学前教育教学中的广泛应用是发展的必然趋势。

参考文献

[1] 马宁萍. 论"互联网+"背景下幼儿园教育信息化创新应用[J]. 课程教育研究, 2019(52): 67.

[2] 王潇. 浅析线上直播教学在幼儿园学前教育教学中的应用[J]. 佳木斯职业学院学报, 2020, 36(5): 126-127.

[3] 王正伟. 互联网+背景下幼儿园教育信息化创新应用[J]. 中国教育技术装备, 2017(7): 53-54.

[4] 徐虹洁. "互联网+"背景下幼儿园教育信息化创新应用[J]. 课程教育研究, 2018(40): 46-47.

[5] 宋玉珍. 简述我国学前教育信息化建设与应用现状[J]. 中国校外教育, 2019(8): 3, 7.

教智融合　尝试反馈　深度学习
——基于学生学科核心素养培育的校本实践

□ 缪建平*

近年来，苏州工业园区跨塘实验小学（以下简称"跨小"）以苏州工业园区国家级信息化教学实验区《教智融合背景下"适合的教与学"实践研究》为引领，以《教智融合背景下尝试反馈教学促进深度学习的实践研究》子项目为抓手，积极开展课堂实践与教改实验，并取得了很好的成效。

一、注重理论架构，引领上位思考

一直以来，跨小的每一位教师都兢兢业业，但缺乏高瞻性的教学引领，尤其缺少课堂教学改革、教学研究与写作方面的有效指引。

2020年9月起，笔者把援疆三年形成的教改经验和教改模型引入跨小，以"尝试反馈教学"为抓手，在全校逐步铺开推行，与之相对应，学校教改愿景与路径也悉数完成了初步的架构，包括办学愿景、办学主张、理论模型、核心理念、总体性教学策略、课堂教学格言等。

跨小的办学愿景是"追求有梦想的教育，创建有故事的学校"，要求全体师生让梦想照进现实，用行动写下故事。跨小的办学主张12个字，即新德育（倡导新时代的自主的、体验的德育），大教学（倡导跳出课本来教学、跳出课堂来教学），全阅读（倡导全程、全时、全方位、全学科阅读），泛学习（倡导无处不在的泛在学习、线上线下的混合学习、不

---

* 作者单位：苏州工业园区跨塘实验小学

受年级限制的混龄学习)。

"尝试反馈教学"是在笔者恩师邱学华"尝试教学法"的基础上提出的。2017年到2019年,笔者随苏州援疆组来到新疆伊犁州霍尔果斯市丝路小学担任援疆校长。在邱学华老师的指导下,在当地教育局的大力支持下,笔者积极借鉴邱学华老师的"尝试教学法"思想,全学科推行"尝试反馈教学",突出"尝试""反馈"两个关键词,启示教师科学引导学生大胆尝试、自学课本、动手动脑、交流总结、反思提升。

基于上述思考,我们建构了全学科推行"教智融合背景下尝试反馈教学促进深度学习的实践"的"尝试教·深度学"教学模型1.0(图1),旨在以学生"深度学习"为指向,以课堂教学为阵地,通过内容(结构化、整体性),活动(指向性、体验性),任务(趣味性、挑战性),监控(数学驱动、自我决策)四个彼此关联的重要环节,在课堂教学"16字总体策略"(尝试为先、问题导学、结构融合、高效反馈)及教改背景"16字总体支撑"(适合教育、教智融合、尝试反馈、服务引领)的相互作用下,以大数据为支撑,线上线下混合学习,尝试反馈,教智融合,让课堂回归本真,让教学真实发生,进而建构"充满活力的生命课堂"。不断关注学习情感与学习策略,进而转识成智、发展素养,实现从"教学生一课"到"教学生一生"的转变,努力培养学生一生受用的且最核心的自主学习的能力、良好思维习惯、创新意识和实践能力。

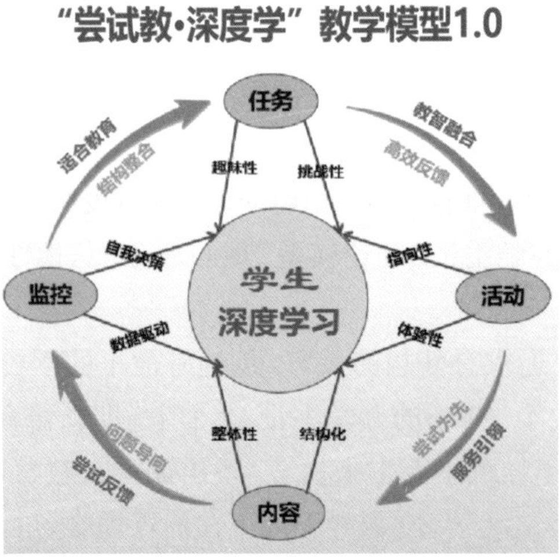

图1 "尝试教·深度学"教学模型1.0

至此,"请不要告诉我,让我先试试"的教学口号在课堂教学中吹响。而且,我们有了自己的课堂教学格言,即"吾日四省吾身":学生会做的老师不做;学生会学的老师不教;学生进一步老师退一步;学生问你,你去问他。

二、突出行动旨归,倡导故事思维

理想的教育必须突出"行动旨归"。好的教学模型要真正落实到行动上,落实到课堂实践中才行。我们要步履不停,为之奔突,为之持之以恒,为之精进。

1. 建构学科教学流程

沿承跨小原有的"三精+三学+三板块"的智慧课堂模式,定位教智融合背景下的尝试反馈课堂为三大环节:课前引学、课中共学、课后延学。结合园区易加平台,采用任务驱动,整合线上线下资源。如借助前学微课等完成尝试任务,借助共学微课等完成提升任务,通过延学微课等完成迁移运用任务。倡导伙伴共学,紧抓"前学反馈,把握学习起点;主题探学,突破学习重难点;迁移运用,提升核心素养生长点"三大板块。精准定位教学目标,精确研制教学内容,精心设计教学活动,努力培养"慧学、慧思、慧创"的三慧好学生和"慧心、慧识、慧悟"的三慧好教师。

(1)首先是数学学科。

从"洗手七步法"得到启发,将丝路小学的"尝试反馈法"的"六段五步"教学流程简化为"尝试反馈七步走",即:预热训练(5分钟左右)、我先试试(3分钟左右)、自学课本(7分钟左右)、讨论辨析(7分钟左右)、新的挑战(6分钟左右)、当堂检测(9分钟左右)、课堂总结(3分钟左右)。其间,邱学华老师于2020年2月亲临指导教学工作并作专题培训报告。"七步走"只是教师设计课堂步骤的一个"拐棍",并不要求每个教师拘泥于此,主要在于教师的学习、理解与尝试使用(图2)。为了方便记忆,我们把"七步走"说成"5-3-7-7-6-9-3",朗朗上口。

(2)语文学科。

目前建构为五步教学流程,即课前引学、我来试一试、我来学一学、我来用一用、课后延学。这样就把课前、课中、课后三个学习环节打通了。

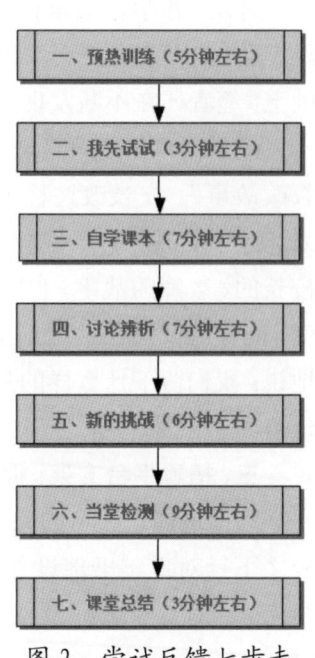

图2 尝试反馈七步走

（3）英语学科。

英语"课中共学"部分为七步流程，即基础训练、问题导入、自学课本、讨论辨析、综合运用、当堂检测、课堂总结。

（4）其他学科。

如科学、艺术等，也建构自己的教学流程。

总之，建立教学流程的目的不是让教师拘泥于此，而是让他们先入格，后出格。

2.课堂教学全面实践

首先，校长室率先垂范。作为校长，笔者多次给教师上教改实验课；每周倾听并指导各个学科教师的课堂教学，并在自己的公众号"缪不可言行知录"中发布"尝试反馈改革印记"系列文章，至今已发布十三篇。分管副校长从自己的课堂实践开始，一次次反复与青年教师打磨课堂，带领教导处全体成员全面推行教智融合背景下尝试反馈教学。

其次，教导处各条线在校长室的带领下，立足教研组、备课组，结合本学期围绕《教智融合背景下尝试反馈教学促进深度学习的实践研究》各学科申报的核心课题，借助易加平台，立足课堂，不断尝试并建立适合的教与学的有效策略。

再次，各学科组教科研组长、备课组长带领全体成员，在日常教学和集体备课中，集思广益，青年教师更是"尝试反馈教学"教改之路上的积极探求者和践行者。在实践的基础上，笔者还在不断发现问题，调整教学策略，真正做到自上而下，自下而上，上下融通。

最后，"教学改革"需要"故事思维"。教改文化是什么？说到底就是一个个"温暖的教改故事"。在教改过程中，要求教师不仅要行动，还要把行动之后的故事说出来，写下来。这些故事富有个性、凸显张力、展现创新；这些故事林林总总，可以是关于学校的、校长的、教师的故事，也可以是关于学生的、家长的故事。从批判性思维到故事思维的转变，能够测试你在主观（由内到外）、客观（由外到内）之间转换思维的敏捷度。可以肯定地说：我们留下什么样的故事，就传递着什么样的教改文化，也就是传递着什么样的趋向价值。

三、搭建平台支架，促进深度学习

为促进课堂改革的深入，跨小搭建多个平台。针对教师的有一校四院（学校在润泽学校之下针对青年干部设立凌云学院、针对班主任设立德润学院、针对骨干教师设立毓秀学院、针对青年教师设立清源学院），以及科研探航队、教改先锋队、木樨论坛、阅读汇（校长的、中层的、教师的）。

深度学习是落实学生学科素养的重要途径，是教智融合背景下对课堂教学的呼唤。所谓深度学习，就是指在教师的引领下，学生围绕着具有挑战性的学习主题，全身心积极参与、体验成功、获得发展的有意义的学习过程。深度学习除了在课堂教学中的引导与培育之外，还特别强调通过设立多元化的学习平台或学习支架来实现。如为学生全面展示学科核心素养设立阅读节、艺术节、科创节、体育节、双语节，全校各系列评比的"校园明星"等。在课堂学习中，各学科施行"三卡一笔记"："三卡"即错题卡（主要用于培养学生记录对学科错题的自改自纠能力）、提问卡（主要用于培养学生的问题意识、发现问题、提出问题的能力）、问题研究卡（主要用于培养学生分析问题和解决问题的实践创新能力）；"一笔记"即一本学思笔记，学思笔记实行全科通，即所有学科用一本"学思笔记"，把各个学科的学习与研究、反思与总结记在一起，这样可以实现学习策略、学习方法与思维方式的一体化和全贯通，真正达到学习的理想境界。

参考文献

[1] 邱学华. 邱学华的数学课堂[M]. 上海：华东师范大学出版社，2017.
[2] [美]安妮特·西蒙斯. 故事思维[M]. 俞沈彧，译. 南昌：江西人民出版社，2017.
[3] 郭华. 如何理解"深度学习"[J]. 四川师范大学学报（社会科学版），2020，47(1)：89-95.

以应用为核心推动技术与教育的融合

□ 吴 哲，沈建华*

苏州吴中经济开发区实验小学东依京杭大运河，西倚七子山，南临东太湖，北坐名胜古迹上方山。太湖的水韵、吴地的文化、独特的生态物候无一不苏州熏陶着这所年轻的学校。学校于2017年落成启用，规模为8轨48班，总用地面积为36 488.70平方米，总建筑面积为31 926.25平方米。现有一至四年级32个班，在校学生1 215人。教职员工88人，区级及以上名师11人，其中苏州市名教师1人，苏州市学科带头人4人，区级及以上青年拔尖人才3人。

一、以应用为核心，建构高速交互的智慧环境

作为一所新建学校，苏州吴中经济开发区实验小学根据上级智慧校园建设要求，在信息化建设方面，按照新标准高质量地完成了校园网的建设：网络中心配备了专业级核心交换机、4台网络服务器、独立的网络防火墙及负载均衡设备；做到了光纤进教室，千兆网络到桌面，实现无线网络全覆盖；无线网络主要覆盖教学、办公、生活等场所；支持视频点播、电视电话会议及语音、图像等各类信息的多媒体运用；采用智能化设备对装备使用情况进行自动追踪、管理和控制；建立网络信息安全制度，根据实际需要配备网络安全设备，配置防火墙、入侵检测系统、防病毒系统、漏洞扫描系统、有害信息过滤系统和Web应用防火墙等网络安全系统；配备统一上网管理系统，定期开展网络与信息安全等保测评工作，确保网络和信息安全。

学校拥有支撑教学、学习和交互的智能终端及配套设备，满足了信息化环境下教学

---

* 作者单位：苏州吴中经济技术开发区实验小学

科研和学习活动的需求：安装了48套班班通设备，其中包括交互式电子白板和实物展台等设备；一个未来教室，一个录播教室，三个信息技术教室；学校开通并使用了数字图书馆，方便教师和学生阅读使用，下一步还将改建综合阅览区；建有智能卡系统、图书借阅、门禁管理、考勤管理、访客管理等应用服务。

学校除了建有先进的网络基础设施之外，还在教室配置多媒体交互设备，建设支持网络教学研究的录播教室、支持教学行为数据采集与分析的智慧教室和学习体验中心，还建设了包括STEAM授课区、3D设计区、创客工坊、绿植智能栽培区和作品展示区在内的1 000平方米的未来学习创客中心。

学校还建有智能安防系统，覆盖学校主要场所，与区域行政部门数据同步，与当地公安部门安全防范系统互联互通，能实现校园视频监控、入侵报警、紧急呼叫求助报警、电子巡更、学生出入控制、访客管理、消防报警、紧急广播与疏散等智能化安防管理。

二、以应用为核心，逐步建构服务教育的数字资源

学校通过自建、引进、合作、共享等多种方式配备学生学习资源、教师教学资源、教师专业发展与教育科研资源和数字校本特色资源。

学校投资30万元配备一套多功能自动化录播系统，基本满足网络环境下多媒体互动教学和校内研训交流需要，在录播教室平台上，领导和教师可以相互实时观看课堂的教学情况，掌握第一手资料。智慧校园平台实现了教学、教研资源汇聚共享。学校有计划地将教学课件、课例设计、一师一优课、微课程、论文等资源充实完善，逐步形成自己的教学资源库。教师可以在平台上录制、上传自己的教学过程，以及自己的微课资源、备课和课件等附件，查询优质教学资源，进行网络直播，实时评价，根据录课，进行教学反思等。

电子期刊、电子图书、视频和音频等数字资源能满足教师教学、科研和进修及学生成长的需要。同时，通过网络学习空间学校可开展备课授课、家校互动、网络研修、学习指导等工作。例如：网络直播校园活动，增加家校联系；将教师的课件、教案进行云平台的统一管理；推进学生社团网络选课、家长和学生网络评价教师等工作。学校建立年度信息技术考核制度，对新上岗三个月、一年和三年的教师分三档建立信息技术应用考核机制。例如：上岗三个月的教师要对教室技术装备熟练应用，考核并取得合格证；上岗一年的教师要能熟练运用WPS系统进行备课、做课件和统计数据等服务教育教学工作的开展；三年的教师要能在规定时间内运用网络资源进行课程设计和教学。

学校智慧化校园还成功与苏州市吴中智慧教育云平台形成了对接，实现了资源共享，提高了资源利用率，最大程度实现资源价值。在教师年度绩效考核中建立资源共建共享机制考核，实现校内教学资源共建共享，并通过教育资源平台实现网络课程或特色资源区域共享，鼓励师生在教育资源平台展示、共享优秀数字资源。

三、以应用为核心，稳步提升师生信息素养

学校在学生社团中开设航模、机器人、3D绘画、创意编程、超级轨迹等主题项目探究学习。同时，在春节、环保等主题活动中，学生能在教师指导下运用信息技术灵活开展相应的自主学习和合作学习。

面对大量的智慧校园硬件设施，学校加大培训力度，提升教师在信息技术环境下的教学设计能力，能获取、加工和集成教学资源支持课堂教学，能利用网络教学平台开展混合式教学、参与校本和区域教研活动，能利用信息技术对教学对象、教学资源、教学活动、教学过程进行有效管理和评价。

校长是苏州市首批信息技术应用能手，在管理中要注重用信息技术手段服务于学校管理。首先，使用腾讯通和微信平台常态服务于行政管理过程；其次，对学校学生学业质量评估开始使用大数据分析；最后，乐于引进优秀的软件管理平台（如StarC云平台、FTP文件服务器、钉钉管理软件等）。

四、以应用为核心，不断创新技术与教育的融合点

1. 以应用为核心，技术服务于学校特色课程建设

（1）以应用为核心，建构班级终端智能环境。

学校给每个教学班配备了智能终端设备（优学派平板电脑），并积极应用于课堂教学。在常态的教学过程中，学生实现每人一个客户终端，教师借助智慧校园平台，不仅能随时掌控每一个学生的学习情况和整个班级的学习动态，还能在第一时间对不同的学生进行单独指导。师生之间通过语音或文字实现互动，实时提出或解答有关的问题。并且，借助录播教室，整个教学过程可同步录制成课件，以备学生随时点播观看。

网络课堂的运用，最大限度地实现了分层教学和因材施教。它打破了时间和空间的限制，教师做到了全方位地与学生交流和沟通，加强了"翻转课堂"教学模式的研究与实施。为每个班级学生开设学习空间，支持学生随时随地进行自主学习和小组合作学习，支持学生交流协作，实现高效的人机交互、师生交互、生生交互。同时，它也促进了学生学习方式的变革，教师、学生借助平台，可实现教学资料的共享，提高了教学的效率。"一对一"网络课堂的开设，实现了教师和学生多层次、多角度全方位的交流和互动，并进行了

翻转课堂教学的方式方法的探索。

（2）以应用为核心，借助技术创设适切的主题项目课程资源和内容。

在整合多方优质资源的基础上，学校进行课程育人的积极探索，就方向性、整体性、学科性、实践性等做规划构建并实施。例如：设想从基础能力、必备品格和素养指向三个方面架构项目课程体系；学校古桥、校园植物、菌类培养房、物联网下的植物养殖、人工智能、苏州的非遗文化进校园等都将在课程基地场馆中得到体现，并力争在问题情境中指导学生开展生物多样性科技实践项目的研究；积极进行校本课程的创新与实践，生物多样性科技探索实践项目课程的全员开设；结合相应学科，做中学、学中做；机器人、3D绘画、创意模型等嵌入式课程的实验，智慧教育生态创新实验室及中药园的陆续投入使用，推进学校共建优质的教育资源、广阔的学习空间，为学生多元智能的形成和综合素养的提升提供了可能。

（3）以应用为核心，依托国家课程用技术融合学科知识点丰富学生社团项目。

学校依托国家课程，设想基于学生的学习经验、生活经验和社会实际，思考借用3D技术、编程、多终端等技术手段辅助学生完成探究学习、实践创作、创意设计等环节，丰富学生社团项目，扩充学生实践内容。

（4）以应用为核心，引导教师依托技术开发项目课程。

教师是实施项目课程的重要因素之一。明确项目课程的主题确定、课程内容的开发到日常的实施，教师是导演也是主角之一。明确怎样设置真实的问题情境进行主题项目研究的开展，让学生位于台前，自己退居其后，这是一个需要实践积累经验的过程。而依托技术建构的资源平台，恰恰可以让教师分享、积累、开发的项目课程不断完善，有效推动学校年轻教师的成长和丰富学校的校本课程建设。

2. 以应用为核心，技术服务于学校管理

自2018年办学以来，学校正在开始试行钉钉APP进入学校整体管理中，如系统中的课务、请假、财产管理等，极好地满足了学校常态更图案里的需求。运用云平台的管理方式突破学校目前人手紧、活动多的管理难点，期望更好地推进学校的各项管理。

五、以应用为核心积极探索智慧教育课程平台，促进学校特色发展

云计算、物联网技术的广泛应用是当今社会科技发展的大趋势，新技术与智慧教育结合会成为我国面向21世纪教育教学改革的新视点。物联网技术支持下的新学习模式，能够为学生创建信息化学习环境，为学生创设一个"数字化生存"环境，对丰富学生数字化学习起到积极的推动作用。通过物联网技术构建围绕农业开展的智慧生态教育，将对师生的共同成长产生深远而又持久的影响，同时，新一代信息技术反哺教育，将有利于积极探索智慧教育、创新教育的新模式。

目前学校正在投入建设的智慧生态教育创新空间，主要建设移动物联高科技下的三个生态教育科技学习点，以便开展小学生生物多样性科技实践项目的实践研究学习。通过高科技下的学生体验学习、探究学习，可以帮助学生实现学习的全过程数字化、智能化，并对学习内容实现多维度分享和交流，拓展探究性学习的途径，激发学生的探究精神。

智慧生态教育创新空间主要包含智慧菌菇房学习空间、智慧阳光大棚探究空间、智慧生态学习区三大部分。

智慧菌菇房学习空间是一个智慧物联探究学习点。菌菇房是通过智能物联网网关自动化控制，通过网关控制能够让菌类在最适合生长的环境下生长，通过高清摄像头能够观察菌类的生长全过程，这能充分激发学生的兴趣。平台及APP上能够查看当前室内的一些环境参数，如光照度、二氧化碳含量、PM_1含量、$PM_{2.5}$含量、PM_{10}含量、温度、湿度等参数。

智慧阳光大棚里面有遥控卷帘控制、风机控制和喷灌控制、补光控制，这能让小学生体验和感受现代农业带来的科技革命。阳光房里建设数字式花箱，箱内种植土培的植物，学生可以在大棚内开展种植比较探究学习、种子发芽探究学习。阳光大棚内建设管道水培架，可以让学生进一步了解水培植物种植的基本情况，探究营养液配比及水循环的作用等。同时，建设微观察记录仪，探究大棚环境温度、环境湿度、光照强度、二氧化碳浓度等，进一步让学生学习环境与植物生长的关系。

智慧生态学习区建设触摸一体机、智慧生态水培箱、智慧生态土培箱和智慧生态育苗箱、智慧生态物联网套件，这能让学生拓展学习，进一步培养学生探究学习的能力和保护环境的意识。

开发区实验小学以校园、生活为载体，打造人文环境，开发"童手天工"课程，其中生物多样性科技实践项目就是其中的一个分支课程。该分支课程目前仍在师生协力中进行富有中华文化基因、世界眼光胸怀的特色文化建设，且该项目已申报苏州市小学特色文化建设项目。

六、全面保障以应用为核心的智慧校园建设

学校成立了以校长为组长的数字智慧校园工作领导小组，按需配备了网络管理员和电教管理人员：配备了两名专职电教管理人员和两名兼职人员，管理人员皆有多年的工作经验和专业背景。

为保证数字智慧校园的建设，学校制定了相关的制度规划，包括智慧校园管理、使用、网络安全、人员培训等制度，并积极落到实处。学校在制订年度工作计划时，也会将数字校园的建设放到重要的地位，具体规划数字智慧校园的发展目标、内容等，并积极按照计划实施。

此外，学校还会保障持续投入建设经费的到位。在各级领导的支持下，学校在智慧校园的建设中，一期基础设施包括网络、普通教室、专用教室等投资达到1 000多万元，已经于2017年8月全面到位；二期设施建设1 000多平方米的创客空间投资达到1 210 530元，已经于2018年12月全面到位；三期设施智慧生态教育创新实验室建设投资60万元，四期设施吴门中药物联网下的药圃建设还在规划论证中。同时，学校还将持续投入教师信息化应用能力培训的费用。

让智慧校园成为看得见的风景

□ 柳 健*

苏州市新庄小学校是一所创办于1994年的新村配套小学。"追求成长，做更好的自己"是学校的办学理念。为推进信息技术与教育教学的深度融合，提升师生信息素养，学校积极投入智慧校园的建设中。

一、构建校园智慧环境

学校根据上级部门关于教育信息化工作的部署，结合实际，以"推进教育信息化，努力以信息化为手段扩大优质教育资源覆盖面"为指导思想，抓项目促建设，抓应用促发展，并取得了一定的成效。

1. 校园网络到位

目前，学校实现百兆光纤进校园，无线网络基本覆盖主要教学、办公、活动场所。校园网络已接入江苏省教育和科研计算机网。学校两个校区配设了电子屏、触摸一体机、多功能教室等，通过电子显示屏、校园网、微信公众号等媒介定期宣传学校发展印记，构建了基于信息技术的、快捷、分享、互动的校园文化环境。

2. 信息终端齐全

学校配有若干公用计算机、笔记本电脑和平板电脑，每位教师都配有办公用的计算机。每个校区配有计算机房1间，保证学生每周的上机操作练习，生机比超过10:1。笔记本电脑、希沃一体机、iPad等移动终端，能为学生查阅资料、实现交互式课堂教学、进行

---

* 作者单位：苏州市新庄小学校

教科研等提供平台支持。图书室、活动室、行政楼等公共服务区域，配备了为师生提供信息化服务的公用终端，能为师生教学、办公、活动等提供技术支撑。每个学生都配有 E 卡通，学校及时更新智能卡增效机系统，为学生享有权益保驾护航。

3. 智慧教室落地

每个教室都配备了计算机、实物展台、投影等多媒体教学设备。学校设有交互式多媒体教室、计算机专用教室及依据《姑苏云上教育同城帮扶实施计划》建设的智慧教室，能支持教学和科研，能全过程采集教与学的行为数据，促进个性化学习，支持混合学习。依托姑苏区云平台、苏州线上教育中心等资源，学校实现了课堂教学云端一体化。

4. 信息安全保障

学校建有完善的中心机房，建立信息安全保障制度，如核心路由器、防火墙等保障校园网络的安全，对互联网的使用可控制、可管理、可追溯，日志保留 6 个月；定期开展信息安全等保测评工作，形成网络安全检查报告。

5. 智能安防联动

学校建有智能校园安防系统，覆盖校园主要场所，与教育行政部门数据同步，与当地公安部门安全防范系统联网。

二、生成校园数字资源

1. 重视资源开发

学校配备能满足各学科教学需要的数字化资源并及时更新；建有校园网内数字图书馆，方便阅读；建有数字化校本特色资源并及时更新，现已完成校本教材《绳趣》和《绳艺绳韵》的编写。

2. 重视资源应用

学校利用姑苏区智慧教育云平台、苏州线上教育中心实现优质教育资源班班通，并能利用省空中名师课堂等资源平台开展教学；借助云平台账号等，每位教师和学生都能进入实名制网络空间进行自主学习、研讨交流或共享展示。学校通过云平台和网络共享空间为师生提供个性化、精准化的资源推送，如通过大数据平台进行学业监测，分析学业情况，完成相应的学业质量报告。

3. 重视资源共享

学校内部实现资源共建共享。每年有网络课程或特色资源通过县级以上教育资源服务平台实现区域共享。每学期每位教师上传教学资源至区云平台并共享。每年有学生作品在区云平台展示并共享。学校全体教师参与一师一优课的评比,并取得佳绩,其中徐腾欣老师获一师一优课部优,朱宏老师获省优,金慧琴校长、李美芬老师、李琼老师、吴爱琴老师获市优,王雪芳等十余位老师获区优。朱宏老师在2020年苏州线上教育——姑苏区分中心"苏·慧"线上学习课程中录制课程"热的传递方式",供苏州市和姑苏区的学生一起学习。朱桂英老师在姑苏区2019—2020学年度"名优课堂"送培课程中承担公开课"小马过河"。徐宁、刘明、柳健三位老师开展新冠病毒感染疫情防控期间姑苏区"在线学习指导"专项微型课题研究,向区域内教师展示并共享成果。

三、提升师生信息素养

1. 助力学生发展

通过学校信息技术课程及相关平台的运用,学生能获取、存储、加工、发布信息,能利用技术进行学习、交流、创造,能通过个人空间进行资源管理,开展自主、合作、探究学习。学生能制作数字作品,近两年有多位学生参加姑苏区级以上教育部门组织的相关竞赛并获奖。其中宋欣语、黄义涵两位学生获2018年姑苏区小学生信息技术应用技能比赛(汉字录入)三等奖,崔中奥获2020年姑苏区小学生信息技术应用技能比赛(汉字录入)三等奖,李丹丹获2020"我与新时代偶像共抗疫"之姑苏少儿"宅出假期新姿势"短视频征集大赛二等奖。通过学习,学生能遵守网络文明礼仪,自觉尊重知识产权,自觉抵制不良信息。

2. 促进教师发展

学校教师全员通过国家、省中小学教师信息技术应用能力提升工程培训,能利用信息技术进行教育教学、教研、评价和管理。近两年,学校有教师参加市级以上信息化竞赛并多次获奖,如杨文老师在2018年、2019年苏州市中小学微课制作比赛中均获二等奖。

3. 提升信息化领导力

校长及管理团队有清晰的信息化发展目标和思路,有计划、有落实,能运用信息技术手段开展教务管理、师生信息管理等,针对学生学业水平监测开展基于大数据的教育治理和绩效评价。行政朱桂英、戴磊负责的语文、数学学科案例,先后获2018年、2019年苏州市义务教育学业质量监测结果运用优秀案例评选二、三等奖。此外,校长及管理团队还能带头应用信息技术手段开展教育教学活动。

四、加快教育融合创新

1. 推广智慧教学

学校全体教师均实现电子备课。教师能开展智慧课堂教学，探索创新教育教学模式，构建自主、合作、探究的教与学方式；能利用交互式白板等信息技术手段开展情境式、体验式教学；能借力区域大数据项目，积极开展基于大数据的教情、学情分析，推进精准化的教与学；能利用移动学习终端，实现学生在校、在家都能开展个性化学习。

2. 融入智慧管理

学校建立门户网站，及时更新信息，依托云平台，统一电子身份认证，实现多系统单点登录。各类管理信息系统得到有效应用，并与江苏省平台互联互通和数据共享。以学生学业水平为主要对象，学校建立数据分析模型和评估指标体系，开展基于大数据分析的教育教学管理和评价；利用学生体质监测系统、学生写实平台对学生进行全面科学评价。

3. 提供智慧服务

学校利用家校路路通平台、QQ群、微信群等进行有效家校互动。教师能利用信息技术手段为市级、区级平台提供优质课程资源、名师送培等社会公益服务。

五、强化基础支撑保障

1. 设组织领导

学校成立以校长为组长的信息化工作领导小组，每学期专题研究信息化工作；设有校级首席信息官；制定智慧校园建设规划并按计划推进实施。

2. 配机构人员

学校有专门的机构——教育信息中心，负责教育信息化工作，并配备持有市级以上相关证书的专职管理人员。每门学科安排1名教师，负责推进信息技术与本学科教学的融合创新。

3. 有经费保障

财政部门安排教育信息化经费，用于学校信息化基础设施和重点项目建设。学校从生均公用经费中提取一定比例的经费用于信息化教学资源更新和日常运维，且呈逐年递增。

4. 有制度建设

学校建立了相关的教育信息化建设、运营和管理制度，还建立了教育信息化创新应用激励制度。

六、探索智慧特色发展

1.尝试前沿探索

学校积极探索前沿信息技术在教育教学中的应用，鼓励教师积极参加苏州市教师信息技术能力提升工程的培训；建有机器人社团活动室、科学探究室等，开展探究实验活动。

2.发展突出成果

以获奖、送培或展示的一师一优课、微课、线上课程为推手，学校积极开展智慧课堂建设，形成在一定范围内具有推广价值的智慧课堂教学案例。以师生主动地、常态化地、富有建设性地进行云平台资源的上传下载、借鉴创新为先导，在教学资源平台建设与应用、促进优质资源共建共享方面取得一定成绩。师生人人有学习空间，班班有班级空间，学校在"网络学习空间人人通"建设与有效应用方面取得了一定突破。学校创新应用的特色成果获得了省级以上的肯定，如"绳之韵"课程文化建设项目在2017年全省中小学课程基地建设项目调研中获得好评。

3.谋求机制创新

学校制定《智慧校园建设评估与激励制度》，建立了可复制、可推广的智慧校园建设与应用机制，有效地促进智慧校园建设可持续发展。

智慧校园的建设是从促进师生成长与发展的角度践行学校办学理念与时俱进的重要体现。积极推动构建网络化、数字化、个性化的智慧教育环境，促进信息技术与教育教学的深度融合，是提高学校教育教学水平的重要力量。相信更加均衡化、多元化、人性化的教育未来可期，它一定能从可能走向现实，又从现实走向新的可能！

打造智慧课堂 共育五福少年

——苏州市勤惜实验小学校教育信息化多元发展初探

□ 陆 觐*

从2016年建校伊始,苏州市勤惜实验小学校(以下简称"勤惜实小")始终贯彻以教育信息化带动教育现代化的总体思路,逐步推动学校信息化的发展,稳步提高信息技术在学校教育和管理中的应用水平。勤惜实小坚持全面推进信息技术与教育教学深度融合研究,重点针对信息时代基础教育阶段学生综合能力提升的三大问题进行实践探索:一是如何充分发挥信息技术优势,构建信息时代以学生全面发展为中心,并且以仁爱、健康、智慧、雅致、有创意的"五福少年"为培育目标的具有勤惜特色的培养体系;二是如何利用信息技术共享优质资源、创新教学方法,借助教育大数据解决教学活动中规模化与个性化的矛盾;三是如何营造信息时代小学教育阶段理论与实践兼备、勤学善学的校园文化。

勤惜实小的信息化应用成果并不是完全依赖于先进的信息化教育装备,而是在原有的设备基础上,根据学校的实际情况,提高应用和管理水平,充分发挥信息化设备在教育教学中的应用,使学校的教育教学及管理有了技术支撑、资源保障和服务平台。学校将"教育信息化"列为发展战略,着力构建信息时代以学生为中心的连接、共享、自主、开放、适切的学生综合能力提升方案,从培养方案、教学环境、师生能力、教学资源等八大

---

* 作者单位:苏州市勤惜实验小学校

维度推进教育教学创新实践。

一、修订培养方案，构建以学生为中心的人才培养模式

学校主动贯彻以学生发展为中心的教育理念，设计理论研究、复合交叉、创新实用三个方向，系统修订学生培养方案：课程结构上，充分发挥隐性课程的作用；教学方式上，全面开展线上与线下相结合的研究型教学；评价方式上，实施基于数据的过程评价与终结性评价相结合的评价方式。勤惜实小长期以来培育学生做出色的勤惜五福娃，五福娃以仁爱、健康、智慧、雅致和有创意为评价内容，通过创新制定符合学生身心发展特点的成长目标，学生的学习兴趣得到充分激发。

二、重构教学环境，实现三空间深度融合

学校充分运用现有的先进的信息化教育教学设备，重构教学环境，注重"物理·资源·社交"三空间的融合。学校采用千兆网络，为所有教师配备了办公计算机，班级教室100%配有无线网络、投影、白板，其中83.3%为交互式电子白板。在资源空间上，从网络空间到数字化终端，从数字化教学空间到创新创造空间，依托苏州市线上教育中心的优质课程，汇聚集体备课的成果，将数字化课程向全校开放共享；在网络空间上，依托姑苏区的教育云平台，实现一班一世界，师生一人一空间。

三、开展进阶培训，提升教师信息化教学能力

根据信息化条件下的教育教学需要，重新定义教师角色和能力要求，学校构建了教师信息化教学能力发展进阶标准，对不同类型教师开展针对性培训，推广先进的教育教学经验。学校鼓励全体教师积极参与集团、区、市等级别的培训，为推进信息化教改提供了一批核心力量，学校教师的教学水平也得到了显著提升。

四、创新教学方法，推广混合课堂教学

构建教学新生态，探索STEAM课程教育，学校深入探讨了基于教育信息化2.0背景下的信息技术融合教学应用策略。如开展智慧课堂教学基本模式讨论，广泛推行讲授与研讨结合、线上与线下一体的混合式教学模式；翻转式课堂等新型课堂教学形态快速发展，教师依托信息化环境和资源开展教学创新的主动性显著提升，涌现出一大批信息化教学创新案例；教师可以拍下素材，与教室屏显同步；教师制作课件、微课，并放到电子白板上用于教学，电子白板内也有教学资源提供等。

五、改革评价方式，开展基于数据的综合评价

教师可以利用白板的希沃（seewo）账号进行备课，运用姑苏区大数据智能学业综合

分析系统建立教学基本状态数据库，开展诊断性评价、过程性评价、终结性评价相结合的多种评价方式相融合的评价体系。从学生在课内学习行为、在线作业研讨情况及测验考试情况等多渠道采集数据，为学情诊断、综合评价和教学安排提供支撑。

六、快速便捷，赋能学校管理

学校通过企业微信、"惠姑苏"等应用，将大部分管理流程进行线上操作，通过信息化平台，学校所有教师都能在线填报信息，如投票、体温、事务完成情况等，省去了制作打印表格、收集表格、统计数据的时间。这份便捷让处理事务、获得信息变得随时随地都可以实现，时空障碍也被打破，如伙食统计、保修等，学校都实现了在线化管理。在班级多媒体设备的管理上，只要登录电子白板管理后台，总务处就能远程关闭，既保护了设备，也做到了节能减排。

七、设立科技节，营造科技文化

学校自2017年起每年举办一次科技节，包括科技宣传、创意编程、科技展览、科学幻想画、科学畅想作文竞赛等一系列丰富多彩的活动内容；学校鼓励师生积极参加各级各类信息素养实践比赛，重点关注教师的教学创新策略和学生的学习效果，对获奖同学进行大力表扬，并在评优方面充分考虑学生的特长；充分实施科教结合、协同育人，在全校范围内营造出重视教学、崇尚创新的文化氛围。

八、应用融合，积极推广信息化教学的使用

学校组织信息化课堂教学展示，促进教师使用信息化教育教学手段，积极开展信息化2.0的相关活动：鼓励青年教师创新运用信息化手段提高课堂教学质量，鼓励微课制作，教师可以制作微课用于教学、比赛；每学期开设多次专门提高信息化的实用能力培训。

经过几年的积累，勤惜实小信息化教改成效逐步显现，学生自主学习意识和能力得到了显著提高，教师信息化教学应用能力、教学水平与效果也得到了明显提升。学校获评苏州市2019—2020年智慧校园发展水平三星级学校，体现了苏州市对信息化教学工作的高度重视，也展现了勤惜实小在信息化建设、信息化改革、学生培养等方面所取得的成绩，激励了每一个勤惜人在教育教学创新之路上继续勤奋耕耘，不懈奋斗！

"六化"齐驱:开辟智慧教育校本化发展路径

□ 杨春芳*

苏州工业园区第二实验小学(以下简称"园区二实小")从"项目化"管理、"系统化"设计、"工程化"驱动、"层级化"推进、"品牌化"分享、"生态化"孕育六个方面开创了智慧教育校本化发展的新路径、新方法,对创建智慧校园具有很好的推广价值。

一、"项目化"管理

智慧校园的整体推进包括环境、资源、平台三个方面的建设(图1)。区域通过"四建"(建云、建网、建库、建平台),已经为学校智慧教育的推进铺设好路径;学校则做好"四强"(强队伍、强课程、强应用、强特色),构建功能齐全的智能化管理体系,让教、学、研、管更便捷,为推进智慧校园建设提供了保障。

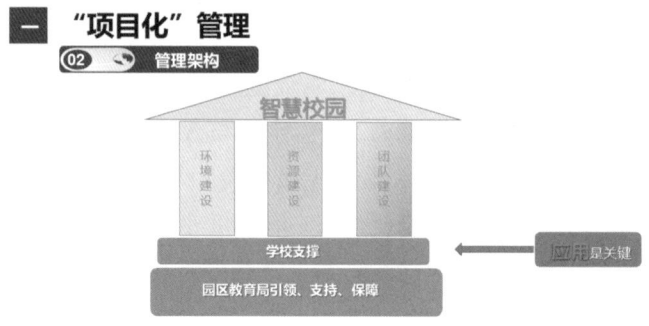

图1 智慧校园管理架构图

---

* 作者单位:苏州工业园区第二实验小学

"项目化"管理的主要管理架构有以下几个部分。

一是硬件保障,如安防、监控、警报、门禁、访客、预警等,筑牢防线;二是信息收集,通过腾讯文档、问卷星、企业微信等平台收集相关信息,有效分析;三是日常管理,在企业微信中开通了如请假、报修、调课、易点易动固定资产管理等功能,优化管理;四是家校互动,充分利用苏州市网上家长学校、问卷星、晓黑板、企业微信家长群等,家校共育;五是精准教学,利用易加分析、云痕、优化大师等平台,因材施教。

二、"系统化"设计

园区二实小高度重视智慧校园基础设施建设,账目清楚,专款专用。

1. 优装备

学校的互动教室、未来教室、多功能报告厅、STEAM创客教室等均具备录播和直播功能。基础设施均达到了智慧校园的各项要求,形成了一整套先进、完备、高效、实用的智能化基础设施系统。

2. 优资源

一方面,致力共建区域资源。学校将资源建设与教学工作相结合,实行易加资源建设"三步推进法"(图2)。第一步:改革教师考核制度,将信息化资源建设情况作为月度绩效的重要组成部分之一,由信息处每月专项考核,从制度上确保易加资源建设工作顺利有序推进;第二步:借助教研组活动进行专题专项教研,制订资源建设计划,布置资源建设任务,责任到人;第三步:对先进团体及个人进行表彰。经过多部门联合、教研组发力和考核组督促,在三步推进法的策略影响下,学校易加资源建设成果丰硕:上传易加平台各类题库、音视频资源等20 000余个。另一方面,着力建设校本资源。通过引进、积累等方式,学校积极建设校内教学资源库。学校自建四大资源库(图3),可供教师在办公室、班级随时调用。

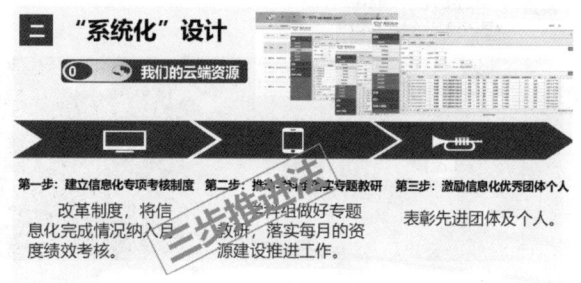

图2 三步推进法

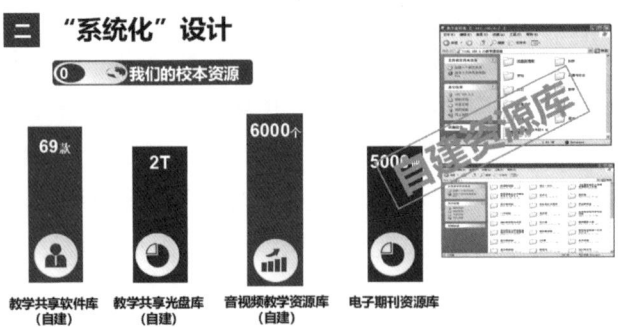

图 3　学校自建四大资源库

三、"工程化"驱动

应用是最大的建设。园区二实小着力于从"拥有"到"有用",让所有资源物尽其用。

1. 学校的平台

从梦兰学龙数字化课堂,到苏州市未来教室项目,从StarC云平台,到现在正深度推进的易加互动平台、苏州市线上教育、江苏省名师空中课堂和城乡结对互动课堂,学校一直在研究探索。与此同时,学校还大力将人工智能、大数据、物联网、区块链等新技术纳入课堂教学范畴,并通过扬长社团进行拔尖人才的培养。基于大数据教学质量分析案例获苏州大市二等奖,基于物联网技术相关运用也申报了江苏省教育学会和苏州市"十四五"规划两项课题并编写了校本教材。

2. 学校的研修

学校秉承"尊重发展规律,坚持小步快走"的理念,制定了学校智慧教育推进的行动指南——五步研修法(图4),让教师悦纳平台的应用。

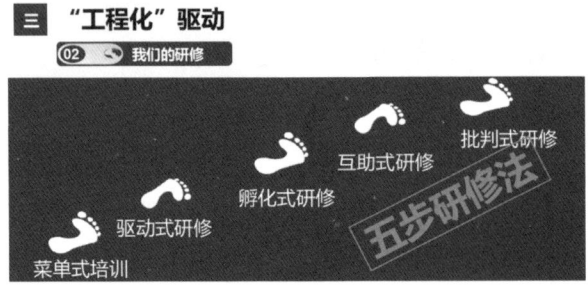

图 4　五步研修法

第一步：面向全体教师开展菜单式培训。请技术人员或信息处老师对全体教师进行通识培训，控制难度，把握和教学的关联，保护教师积极性，目的在于让全体教师初步了解教学平台的功能和优势。

第二步：面向种子教师开展任务驱动式研修。各学科遴选种子教师，种子教师带着课例，在任务驱动中主动学、深度用，并请技术人员对种子教师集中答疑，随后开展"智慧教育推进慧学课堂"的公开教学。"种子教师"的示范性教学活动，进一步展现教学平台的功能，让全体教师有更直观的认识。

第三步：教研组孵化式研修。以种子教师的校级融合课例为起点，用教研组评课、研讨、分享的形式开展活动，这一步非常重要的变化是将种子教师转化为培训师。种子教师的培训更加贴近学科、课堂，和教学的联系更加紧密，这实现了由点到面的推进，促进了智慧教育在学科环境中的校本化融入。这一非常关键的环节，使智慧教育从技术层面的培训走向学科化、校本化。

第四步：教研组互助式研修。以学科为单位，开展组内智慧教育研讨课。以多位教师的组内智慧教育课例为起点，教师共同研讨、碰撞，由关注技术的使用转变为关注技术与课堂教学的适切性，实现了技术为教服务、技术为学服务，集众人之力，这进一步推进信息技术与教学的深度融合。

第五步：批判性研修。教学应用最难的，不是技术的掌握而是技术的选择，如何选择最合适的技术工具恰当地解决问题，是未来教师所需要的核心素养。在技术融合教学的过程中，教师基于教学实践对技术提出改进意见，促使其进一步完善。

经历"五步研修"，各个年龄段的教师都实现了会用且善用平台。

3. 学校的实践

试点教师试水课、教研组研讨课、校内展示课、参加竞赛课等，信息化手段助力教育教学管理，在学校已成为常态。

在推进过程中，学校并不仅仅采用"自上而下"的政策强推，而更关注教师的学习心理和需求，注重"自下而上"的教师主动尝试、互助探索，实现从"拥有"到"有用"。

四、"层级化"推进

学校走过了"为了用而用"的初级阶段，形成了这样的共识：平台永远"属教育"而不是"姓技术"，智慧校园建设中学校以"项目化微课伴学"体系为抓手，重构教与学路径，形成了具有校本特色的少教多学"慧学"课堂教学模式。

1. 教学范式创新

任务驱动、问题导向、项目抓手、微课支撑，让所有学生"动"起来，学校注重利用技术手段关注每个学生的学情，有针对性地教。

2. 学习方式创新

通过资源的分发、选择、测试等，学生能在班级授课制下实现课前预学、课中共学和课后延学的个性化、分层化、有选择地学习（图5）。

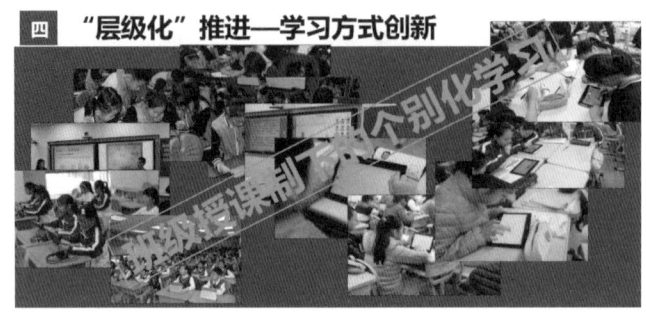

图5 班级授课制下个性化学习

3. 管理评价创新

基于平台的伴随性学情分析，教师设计适合本班学生的教学资源、教学过程，让学生的每堂课都有所得。易加平台提供丰富的微课资源，让学生在课堂学习外，实现随时随地的碎片化学习，学习时空不断延展。

在易加平台支撑下，项目化微课伴学实现学习的"全观照、有重点"，从"齐步走"变成每个人都在"往前走"，学校也借此形成了"因材施教""适合教育"的少教多学"慧学"课堂的校本表达。

五、"品牌化"分享

学校先后参与一师一优课、江苏省城乡结对、名师空中课堂、线上教育、贵州松桃等云互动教学和直播，共输送国家级云课例203节，省级城乡结对和空中课堂互动教学活动54次，市、区级松桃帮扶、线上教育直播活动63次；还积极开展国际理解教育云活动，先后与新加坡、加拿大、德威国际学校开展了多次远程互动研讨，被苏州市教育国际交流协会授予"2020年'小使者云外交'主题活动优秀组织奖"。云端活动的开展，一方面促进教师和学生的相互理解、共同发展，另一方面也为均衡教育提供了可操作的方案。

六、"生态化"孕育

1. 学生：智慧学习，踊跃夺冠

截至 2020 年 12 月，学校学生在江苏省教育厅、科协主办的江苏省青少年电子技师认定活动中共获得一等奖 78 人次；在江苏省青少年电子制作比赛中，共获得一等奖 56 人次；在由苏州市教育局、科协主办的苏州市科技创新比赛中，获得物联网机器人项目一等奖 16 人次；在苏州市"数字公民"AI 编程赛、电子绘画、创意编程与智能设计、电脑制作活动、信息运用技能赛等方面，学生获一等奖 100 余人次；学校 7 年获得苏州市大、小键盘指法团体第一名，连续 10 年获苏州工业园区键盘指法团体第一名。

2. 教师：智慧教学，硕果累累

教师参与信息化相关竞赛和论文获奖丰硕。全体教师能积极参加信息技术网络教研活动和培训，开设信息化环境下的研讨课和公开课，积极撰写和推广智慧教育新途径方法，参与培训和开课比例均达 100%，论文获奖比例连年提高。

3. 学校：智慧引领，和合创新

学校先后获得中央电教馆"新媒体新技术教学应用"卓越学校、普罗米修斯全球互动教学示范学校 2 次，江苏省智慧校园示范校、江苏省智慧校园、江苏省现代教育技术应用先进单位、江苏省现代教育技术研究先进集体、苏州市教育信息化先进学校 2 次，苏州市中小学教育技术装备管理先进学校、江苏省智慧校园苏州工业园区评审先进学校、苏州工业园区数字化学习示范基地校、易加智慧教育试点工作先进单位等荣誉，如图 6 所示。

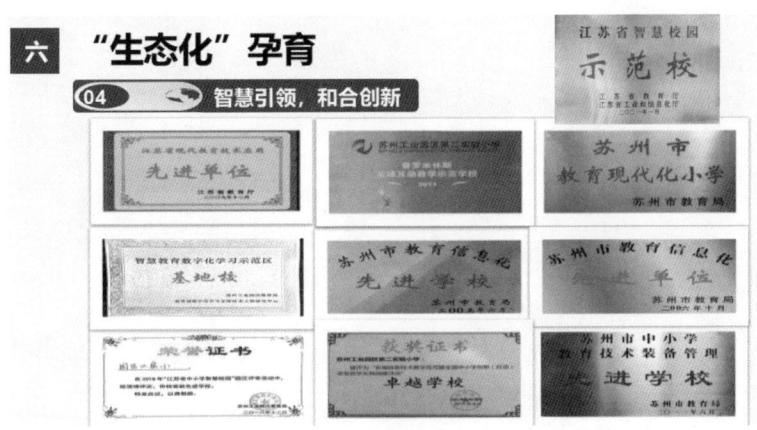

图 6 学校所获荣誉

为未来而教，为未知而学。让学校带着问题来，带着策略走。园区二实小将继续坚持以人为本、融合创新，同时不忘本来，面向未来。智慧教室是学校建设的环境，慧学课堂是学校研修的方向，培养"智慧学生"是学校努力的目标。探索智慧教育校本化路径，我们一直在路上。

智慧场：构建泛在的学前儿童生长空间

□ 朱万德*

随着时代的发展，教育需要融入信息化进程当中。2019年中共中央、国务院印发的《中国教育现代化2035》指出要"加快信息化时代教育变革"，为此苏州市"未来教师"信息化教学创新团队培育项目已经落地生根，幼儿园现代信息技术在教育教学中的运用也初具规模。幼儿教育不是"工业"，未来时代培养的幼儿是具有独立个体意识的"全人"；幼儿教育也不是"农业"，人们不能根据自己的需要对其进行"修剪"，更不能"拔苗助长"。好的幼儿教育，是"森林"的样子，是基于智慧场，构建泛在的学前儿童生长空间，从园所，到师幼，再到家庭，都是不同的个体自主生长又相互影响的赋能环境。

一、基于学校"云"，构建智慧校园

学校通过智慧校园的理念建设，进行基于校园整体的物化架构，将不同的学习场景进行连接与融合，实现物与物的感知，物与人的感知，系统之间的感知。

1. 实现不同学习场景的多元互动

幼儿园有着丰富的学习场景，这些场景分布于不同的区域。如何利用好这些区域，幼儿园一般是通过"周活动计划"的形式进行安排。但教育是开放的、变化的、多元的，很多时候需要契合儿童的学习生活中的偶然"点燃"来进行变化。借助智慧校园系统，学校教师就能够迅速感知不同的学习场景之中有哪些活动器械、游戏道具、参与人员、注意事项，学校教师让校园处处都成为学习之地、游戏之地、成长与发展之地。学习场景的感知离不开前期的输入，这就要求幼儿园要围绕园所中的学习场景，建立起数字化的园所感

---

* 作者单位：苏州太湖国家旅游度假区蒯祥幼儿园

知系统,让教师随时都能够从中提取到有效的信息。

2. 促进不同学习管理的有效融合

《幼儿园教育指导纲要》中指出,幼儿园的教育内容全面而丰富,具有开启的作用,需用"五大领域"上下打通,和融共生,相互渗透。如将"知花"APP植入学习机器人,辅助教师在科学活动中带领幼儿认识园内外的各种植物,在艺术活动中唱和"花"有关的儿歌,在语言活动中听与"花"有关的故事,在艺术活动中借助线上资源学习关于"花"的绘画课程,感受与学习儿童绘画的技能。线下,教师带领幼儿在植物角种植"花",进行课程的拓展,促进不同学习管理的有效融合。

3. 指向不同学习个体的精准描摹

通过幼儿的数字描摹,教师从经验走向科学。在大数据的驱动之下,学校构建立体多元的学习个体感知,发现幼儿的兴趣,培养幼儿的动手能力。例如,通过智能手环,发现有的幼儿一周之内先后去了15次搭建区,明显多于班级其他幼儿,教师和家长可以据此为幼儿定制独特的活动方案,培养幼儿的动手能力。再如,通过人脸识别,可以将幼儿的活动轨迹、生长轨迹、学习轨迹进行记录与整理,形成个性化的学生发展档案。

二、基于学习"场",鼓励自由生长

1. 创客室:让丰富的创意落地生根

儿童是本真的缪斯,对生活中的一切天然地充满好奇。这些好奇,就是进行"创客"探究的开始。如"怎么样让我搭建的大桥又长又能承载得重?""为什么茶叶一开始是漂在热水之上的,后来又沉入水底?"以问题为导向,引导幼儿进行主题探究,将五大领域的知识技能和概念问题化。通过这些问题,将"五大领域"的学习目标融入幼儿自身的创意活动中。首先,基于幼儿的学习能力与探究能力,这些问题是能够让探究与幼儿的实际能力相匹配、相符合。其次,这些问题还需要具有"跳一跳"就能摘到果子的高度,让幼儿在挑战当中完成创意。最后,要允许幼儿在探究的过程当中不断地改变问题的方向,实现思维的转换与跳跃。

2. 指尖码:让开放的资源随处可见

幼儿园开设了"指尖上的植物角",给园所的每一处植物角都制作了二维码。通过移动终端扫描二维码,能通过语音的形式说出相关的资料,还能通过智慧系统进行在线回答。幼儿在种植区除了能够进行劳动实践之外,还能获得有效的科学信息。开发的学习资源,在幼儿园应该无处不在,无时不有。例如,在园所环境布置中,可以设立感应语音播报系统,当有幼儿停留的时候,自动启动语言播报。例如:在故事阅读区,当幼儿靠近本区域,自动播放欢迎用语;当幼儿停留在某故事之前时,自动播放故事推荐语;当这本故事书被幼儿放错了位置,感应系统发出自动提醒;等等。

3. 场景包:让鲜活的学习全程在线

近年来,VR技术得到了飞速的发展,应用的空间越来越广泛,特别是5G时代的到来,为幼儿园"智慧场"的构建提供了多种可能。场景包,就是利用VR技术对幼儿园场景进行真实的模拟,为幼儿带来全新的教学模式。比如,在认识植物角的植物时,幼儿只能看见植物现在的生长样态。若幼儿想了解植物发芽、开花、结果的过程,就需要进行连续的观察。借助VR技术,则能让幼儿通过模拟场景,了解植物生长的全过程。在实际的运用中,VR技术还可以模拟教师进行教学。

三、基于课程"群",打通领域界限

基于"智慧场"的学前教育学习空间构建,是幼儿和教师相互作用下的"产品"。"智慧场"源于幼儿的"五大领域"发展,离不开教师专业化的支持,更离不开课程的需要。借助智慧校园建设,打通学习领域界限,符合当下学习理论、课程理论与儿童生长理论。

1. 借助可视技术,创新"课程群"

3—6岁儿童具有直观性、游戏性的特点,在幼儿活动中需要创设与活动主题相关的学习情境。借助可视技术,将环境创设、教学设计中的抽象内容可视化、形象化,可以为教学的实施带来方便。如在进行大班科学"种豆子"探究活动中,由于幼儿大都身处城区,很少有种植豆子的经验,教师借助可视技术,就可以将豆子的生长过程从三个月浓缩到"三分钟",让孩子借助视频观察豆子的生长过程,感受植物生命的神奇变化。学习需要从"1"走向"1+",教师还可以适时地引出手指律动《我种下一颗豆》,音乐欣赏《黄豆歌》,手工制作"豆粒贴画",还可以让孩子与父母一起分享不同口味的豆制品等。这些都能直观地让幼儿感受到当前主题的经验,通过形式多元的活动,丰富幼儿的认知。

2. 借助多维互动,开发"课程群"

当下幼儿园的课程开发,一般都是以园所的单向开发为主,家长参与到其中的情况非常少。为了实现课程开发的多维互动,家校共建"课程群",可以借助校园智慧管理软件,让家长参与进来。如通过"舌尖上的春天"的课程,教师和家长共同走进课堂,带给幼儿一次别样趣味的春天观察课。家长带来周边的春色,通过丰富的图片、视频,让幼儿了解家乡的春天,了解家乡的春天里有哪些植物是可以食用的。部分家长还直接把可以

食用的植物带到了幼儿园的餐厅,在餐厅工作人员的帮助下,变成了一盘盘美食。多维互动,除了家长与教师的互动之外,还包括教师与学习资源的互动,园所与社会的互动,幼儿与家长的互动。互动的形式除了现场互动之外,还包括网上互动视频分享、电子记录等。

3.借助网络资源,丰富"课程群"

抱团取暖,组团发展,已经成为幼儿园发展的路径之一。现在的网上有着丰富的课程资源,这些资源皆能使用。构建泛在的学前儿童生长空间,就是要运用广泛的学习资源,促进幼儿园的良性建设,促进教师的职业成长,促进幼儿的全面发展。例如,通过"江苏教师教育"进行聚焦核心问题的深度学习模式"PRE";通过江苏智慧教育云平台进行"江苏省中小学教师信息技术应用能力提升工程2.0"学习;通过国家数字教育资源公共服务体系进行不同领域教学资源的学习;通过"人人通"系统进行家校的协作;通过江苏省网络名师工作室学习前瞻的课程理念等。这些平台中有着丰富的课程资源,是教师专业生长的基地,也是推动幼儿园课程发展的摇篮。教师要利用好这些资源,让其成为助推课程发展的工具。

总之,基于"智慧场"构建泛在的学前儿童生长空间,是未来幼儿园发展的需要,是现代技术融入幼儿园教育教学的需要,更是培养未来合格公民的需要。"智慧场",强调的是以幼儿的全面发展为中心,以教师的专业成长为目标,以幼儿园的高位建设为基础,是联系园所、幼儿、教师、家长的纽带。"智慧场"的构建,是一个逐渐探索的过程,这条道路必然艰难而曲折,但我们坚信前途必将光明而辉煌。

参考文献

[1]孔虔."互联网+家园共育"模式存在的问题及优化策略研究:基于山东省济南章丘市城市幼儿园的调查[D].渤海大学,2018.

[2]黄妹妹.浅谈"互联网+"背景下智慧校园的建设与研究:海门市实验幼儿园为例[J].新智慧,2020(5):23.

[3]王梦怡.谈幼儿园智慧校园建设[J].苏州教育信息化,2018(5):18-19.

在线教学趋势下未来职业教育专业课程的转型与发展

□ 王玲玲*

新冠病毒感染疫情发生以来,同其他职业学校纷纷开展线上教学,技能实操教学也"搬"到了线上直播中。教师来到实训室或在家"还原"场景,通过语言和动作,穿插视频,讲解展示技能教学的步骤和要领。学生走向更大程度的自我管理,教师也从"单兵作战"走向"协同发展",学习方式加速走向任务型与挑战性……"停课不停学"的日子里,职业学校不断探索创新,在实践中摸索专业课程未来新的发展方向。在线上进行技能教学,上课效果如何?教学质量怎么保证?疫情之后又将怎样连续贯穿开展,能否代替线下教学?成为目前职业教育正在探讨的话题。

一、在线教学未来的大趋势

1. 职业教育在线教学潜力巨大

当下,多种在线教学已在全国得到一定程度的普及。各种大型开放式网络课程(massive open online courses,简称MOOC)和学习平台,为师生提供了与各地名校、名师、名课碰撞的机会,也弥补了本校教学内容的不足和局限。在第三方教育教学平台上获取的学习内容,也越来越得到所在教育部门的肯定和认可,使得传统教育借助网络协同教育形成了教育的外包模式。就发展趋势而言,产教研融合是在线职业教育未来发展的重点。《2020年腾讯课堂大数据报告》中展示了未来在线职业教育将保持20%左右的增速持续增长(图1)及2019年在线教育用户的年龄结构的变化(图2)。

---

* 作者单位:江苏省吴中中等专业学校

图 1　整体职业教育和在线职业教育市场规模

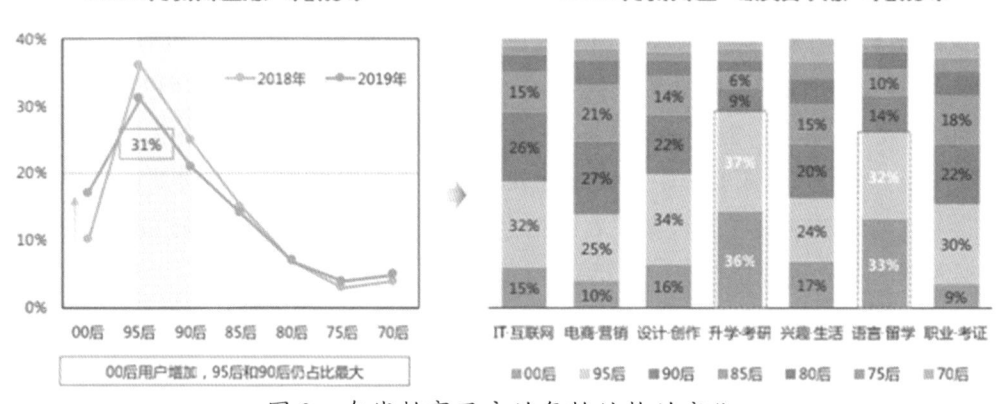

图 2　在线教育用户的年龄结构的变化

2. 职业教育在线教学多元需求

虽然线上教学能够打破传统的时间和空间的限制,让更多的人接纳,用来获得更多、更广的知识。但不可否认的是,大规模的教学将影响授课者与听课者之间的互动和交流。一位教师给成千上万的学生讲授专业课,其中的互动和提问环节是极其泛泛的,缺乏个体差异性,缺少探索性课堂环境。

随着技术的更新与交替发展,在线教学的局限性也在不断得到弥补,诸如采用了小组讨论、教师问答、小组项目、虚拟小班教学等方法,引入人工智能作业批改和答疑等,这些都尽可能提升了网上教学的针对性，尽可能考虑到个体差异因素。

因此，在疫情防控期间，学校线上教学质量调查结果（图3）显示，线上教学质量学生的满意度明显提升，与学期末对在校教师课堂教学质量的调查不相上下。

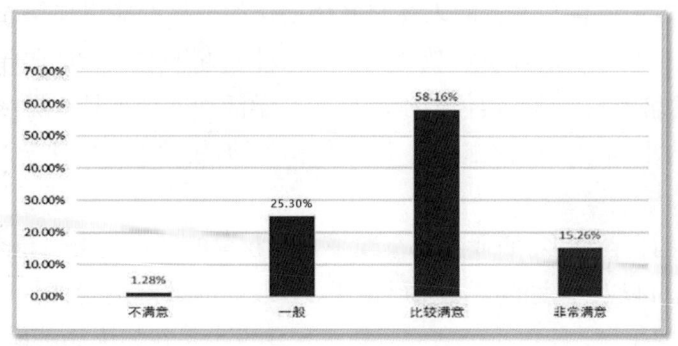

图3　学校2020年3月在线教学质量问卷调查

二、在线教学大趋势下的专业课程情感性探索

1.时间跨度

在线课程的第一大优势在于学习时间可支配，学生可以根据自身学习状态和实际情况，有选择地调整学习进程。学习真正成了学生自己的事情，有利于学生制订个性学习计划，个体需求得到满足，个性发展得到实现。

相比线下教学，专业教师需要在线上教学上付出更大的努力，需要更精心的准备，不仅要调整、设计更合理的教学内容，还要准备更多的针对性测试。过程性考核变成了线上教学的必要手段；此外，线上教学增加了师生的互动，使得教学摆脱了课堂的限制，相对线下而言，教师要付出更多的时间来解答学生的疑问，这也要求教师要及时调整教学内容，把握课堂节奏等。

2.空间转换

在线课程的第二大优势在于学习空间的大跨度，互联网的开放意味着全世界的大学课程资源在网上供大家学习，学生可以就具体问题比较各大知名院校的教学视频，在比较中学习，达到最佳的学习效果。无论你在中职学校想学高职内容，还是你在国内学校读书想要体会国外教育，互联网都能帮你实现，这在一定程度上促进了教育的平等化和国际化进程。

当教师与学生在虚拟环境中见面，虽然将场景布置得与现实环境相一致，或者更加符合专业教学需求，但与在真实的环境下教学时的感觉和体会还是不一样的。在虚拟环境中做仿真实验和现场的实际操作是有很大区别的。虚拟环境中的情感相对简单，而现实生活中课堂上表情语言和声音的表述与肢体动作的把握都能更加深入和透彻地帮助学生了解所学课程的内容。结合职业教育的层面，对于青年人成长的阶段要求，对他们品格、性格、沟通的培养与培训，实体教学环境的教学活动能带来具有更深影响力的作用和效果。职业教育专业课程更要挖掘校园实体的作用，抓住学生实体课学习的实效性。

3. 评价转移

随着学习者的日益增多，职业教育在线平台上积累的教育数据也越来越多，通过对这些数据进行挖掘可以对学生的成绩进行预测、对教师的教学进行评价等。目前我国出现了很多在线学习的平台，各省的MOOC职教平台建设也正在如火如荼地进行中。但是，平台上一些课程的教学质量尚没有统一的评价标准，还未达到规范要求。对此，很多学生会遇到学习课程之后才发现并不适合自己的问题，这也是未来在专业课程平台中要加以完善的地方。

学校电气工程系教师终端显示（图4），学生通过"雨课堂"的弹幕功能实时反馈问题，专业教师可以及时接收汇总问题。从教学实践来说，相对于之前的线下教学，通过"雨课堂"授课，师生互动更多。因为学生在线上教学中更加放松，特别是内敛害羞的学生，相比较课堂提问，他们更愿意通过匿名的功能或者"雨课堂"中的弹幕功能提问、回答或者参与讨论，评价效果显著。

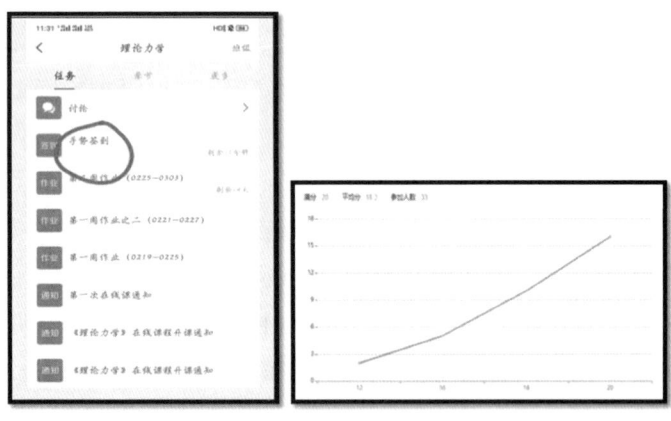

图4 教师端学生线上打卡及课后反馈生成表

三、在线教学大趋势下的实体专业课程实践性探索

1. 优化"实体"精品课巨头，打造"网络"精品课寡头

学校专业的发展关键在于拥有属于自己的专业精品课。而精品课的打造是一项系统工程，在具备成熟的数字资源后，跟上网络需求，学校能够及时更新与新标准相匹配的网络在线资源，定期推送与教学相辅的知识点讲授，打造本专业本课程完整的课程资源，从而形成无可比拟的"网络精品课"。

以学校光伏技术专业的学生为例。"光伏设备的运行与维护"课程立项为市级线下精品课程建设点，该课程是为体现目前新能源技术的特色而开设的专业拓展课。课程以光伏设备的安装、调试、维护、检测和监测技术为主要内容，将光伏太阳能感知、传感器的动作、收集数据的处理与分析等知识结合具体设备进行系统性讲解，预期使学生在提高专业技术应用能力的同时，也拓展认知光伏技术专业的应用方向。在2022年新冠疫情防控的特殊时期，在教育部倡导"停课不停学"的情况下，本课程实现线下课程线上学，在教学资源建设、课程内容改革及教学模式创新方面得到了较大改进，初步实现课程资源建设教学效果符合教学要求。

学生返校后，学校进行线上课程后续跟踪效果时发现学生测试环节、调试要求、工具使用还是没有达到预期实践教学要求。课程研究组的教师正通过学生反馈、课堂问题收集来重新调整未来线上课程的教学思路，试图将课程的必须和重要环节通过虚拟化教学方式植入教学仿真平台，以不断优化实践效果。

2. 完善真实"触碰"实践，建立虚拟"点击"效果

实体专业课程将更重视理论与实操同步进行的一体化教学，按照工作过程展开，打破传统的理论课与实践课分离的授课模式，将理论教学与实践操作穿插进行，注重培养学生的动手能力。采用任务驱动法进行教学，可以提高学生学习兴趣和积极性。在教学过程中，让学生"触碰"设备和工具，经历任务实施过程，可以让学生切身感受实践环节的关键点所在，完成项目任务。

随着人工智能的完善和发展，学校要推动线上现实版（AR）实训教学模块，加强虚拟系统（VR）仿真系统的建设，对后台服务器等硬件设施设备服务升级，让学生能够远程登录学校课程平台，完成一系列实训课程的虚拟测试环节，让线上教学资源真正地得到更充分的应用。通过虚拟系统的测试调整，同时也可以不断倒逼实体教学实训环节的科学

性和完整性。

四、未来实体专业课程教育的转型

1. 践行网络"教"，引导学生"学"

相比于传统的线下教学，网络课堂对教师的要求更加严格。它不是简单地将平时课堂教学内容直接搬到计算机屏幕前讲述，而是需要教师提前精心准备丰富的教学资源，细致地备课。教师需要提前观看课程教学视频，比较教学内容与教学方式，再将这门课程的知识点细分，制作成短小精悍的、内容充实且图文并茂的教学课件，还要准备每个知识点对应的随堂测试题；而在课程需要实验的部分，则需要配备清晰、简洁的实验视频或者现场教学演示；备课完成之后，要在线上提前上传课件和随堂测试题，以方便在课堂上及时发布，保证课堂质量。授课过程中，教师需要同时开启会议的屏幕共享和课堂的在线直播模式。

2. 提升网络"体验"，加强实体"互动"

在线课程和教学的引入，并不代表传统教育的结束，而是又一次转型。转型的趋势就是理论内容学习的那部分将向线上教学转移，实体实践教学环节逐渐从传授知识转移到品格价值观、情感交流、实践知识、应用环节、创新实操等未来职业教育的核心内容上。一个职业学校的学生在成长的过程中，知识的学习仅为其中一小部分，怎样转换理解、运用知识、升华理论和创新实践及塑造健康的人格、培养正确的沟通能力，才是他们极其重要的学习内容。

未来专业实体教育，随着教育转型与侧重点的转移，校园内部将侧重安排本校进行的实体课程，并参与组织学生进行在线学习效果的评价与认定，将更多优秀教师安排到专业核心课程的实践类课程的教学活动中。

教学场地的设置也将从传统的形式转变成方便沟通交流、移动调整、实践操作及能与外界交互的模式。课堂内更注重小组探究模式，可随意合并和分解，这些安排将更加有助于探讨和创新思维的进行。各专业也可设置与专业特点相匹配的特色风格教室，充分发挥实体教学的独特优势，营造优良的线下学习环境。

在学习过程中，学生的惰性是难免存在的。心智不够成熟的学生，一般不能完全融入线上基础知识的学习过程，也无法完成后续的实践与应用。他们表面在线，实则自我放飞的情况经常出现，实体课堂上旷课、不走心情况也同样存在。随着学校监督、技术设备的水平及与本人的认证、考核等手段不断提升,这些情况相信会慢慢好转。新时代下的职业教育,需要更多适应教学需求的优秀职教人在实体和线上教学中引导、提示、帮扶和带领,一起去面对未来职业教育中的机遇和挑战。

参考文献

[1]张成龙,何苗.在线学分课程大趋势下的未来实体教育转型与发展[J].中国教育信息化,2019(24):11-13.

[2]贺杰.在线教育课程评论文本情感倾向性研究[D].江西财经大学,2017.

"十三五"期间教育信息化建设成效显著
——以吴江经济技术开发区花港迎春小学为例

□ 何佳佳*

"十三五"期间,苏州市紧紧围绕《教育信息化2.0行动计划》,全面提升教育质量,从更高层次上促进教育公平,加快推进教育现代化进程。信息化基础环境得到改善,使得教育管理者信息化管理和决策能力得到提高,师生信息化素养得到普遍提升。完成全市中小学100%接入城域网,100%实现"班班通",100%建有门户网站目标,吴江经济技术开发区花港迎春小学在各级领导的关心和指导下,面对城乡结合的特殊学情压力,探索教育信息化高质量发展新路子,全面提升软硬件设施,不断丰富教育资源,不断革新教育模式,不断提升教师信息化素养,实现数字校园到智慧校园的转型。

一、"十三五"期间教育信息化成果

1. 教学资源不断丰富

随着教育信息化的不断推进,多媒体越来越广泛地被应用到教学中。原来抽象、需要花费大量时间和精力准备的学习内容,通过图形、动画、视频、白板软件等变得直观,更容易引发学生共鸣。正是认识到教育信息化的优势,各类在线教育平台不断涌现,特别是在新冠病毒感染疫情防控期间,政策导向加之资本涌入,在线教育呈井喷式发展。吴江经济技术开发区花港迎春小学紧紧抓住这一契机,充分运用各类平台资源,不断丰富教学资源;充分应用苏州线上教育中心这一平台,引导广大师生和家长通过手机、电视和个人

---

* 作者单位:吴江经济技术开发区花港迎春小学

计算机等多种途径,用好用实平台提供的名师课程资源、名师网络答疑、名师在线直播、在线学习行为数据分析 4 大类教育服务功能。截至目前,该平台共开设 18 219 节课,学校 4 100 多位师生均上线应用。同时,学校开设多项信息化社团课程,信息技术C++语言编程社团、Scratch游戏编程社团、"爱牛"科学社团、电子百拼社团、金钥匙社团、机器人社团等,均取得优异成绩。通过使用丰富的课程资源,学生的创新思维和信息化能力都得到了提高。

2. 教育模式不断革新

传统课堂教学,面对有限的教学时数和庞杂的教学内容,无法兼顾知识的拓展与外延,教学效果往往大打折扣,不利于学生知识体系的构建。同时传统课堂进度是根据全班学生知识掌握情况的均值来确定的,无法实现差异化教学。学校充分应用教育信息化的独特优势,不断革新教育模式。

(1)探索精准化教学。

基于大数据技术的支持,学校依托学生成长档案分析学生个性化需求,根据每个学生不同的知识基础、思维学习方式提供定制化课程,提高教学效果;同时,尝试使用企业软件,应用人工智能辅助教学,引入智能化助教。如"作业帮""有道"移动教学APP,对课程拓展大有助力,能对学生学习中产生的各个问题进行智能答疑,针对不同学生的差异设置个性化学习环节与活动,极大提高了学生的学习兴趣和学习效果。

(2)实现交互式教学。

截至 2021 年暑假,除去专用教室,学校给每一个普通教室配备了希沃电子白板,安装了希沃授课助手,充分利用希沃电子白板,为师生、人机互动提供了技术便利。软件上的思维导图、课堂活动、学科工具、蒙层功能等利器在各个学科上充分发挥作用。如数学课上画圆柱体、负责组合图形,其精确度不说,耗时多,很容易打断学生学习的注意力。希沃软件的几何工具就很好地解决了这个问题,使用拖曳方式即可实现。教师利用它辅助教学,创设出声色俱全、图文并茂、生动逼真的教学场景,并优化教学过程,增加趣味性、形象性、艺术性、互动性、人文性,激发了学生的学习热情,引发了学生的共鸣。同时,利用该系统,学生也由知识的被动接受者变为主动探究者。成果呈现、交流展示、互动合作、探究创新均可在该系统上实现。

(3)研究沉浸式教学。

教育信息化带来了全国的教育资源,一些教师个人无法实现的内容皆可通过网络信息化来帮助完成。如讲授《黄鹤楼》一诗，武汉的教育家就可以在黄鹤楼教学，在最真实的场景下分享最真切的感受，引发学生的学习热情。同时，信息化的发展给我们的未来带来更高的期许，学校也一直在探索将VR技术应用于教学，引导教师利用仿真、模拟、借用等方式，构建学习环境，使学生可以在虚拟现实系统中进行高层次的交互。同样是教授《黄鹤楼》一诗，通过VR技术，学生便可"身临其境"感受最真实的场景，从而产生更为强烈的情感共鸣。

3. 教师信息化素养不断提升

（1）学校每年进行多次教师信息素养培训。

"十三五"期间，学校围绕教师信息化、希沃软硬件使用、远程培训等共开展培训2 600余人次。培训内容根据教师的信息能力的现状制定，重点围绕最基础而实用的知识，特别是消除教师因"不会用""不敢用"而产生的焦虑感。为使教师学即有所得，学校积极开展了多个教育信息化课题研究，其中梅艳鋆老师的《"希沃白板5"在小学美术课堂教学中运用的实践研究》课题、施泽文老师的《班级优化大师在小学信息技术课堂管理中的实践研究》课题等深受好评。

（2）举办各类教学评议活动。

引导教师将信息技术的学习和应用与教育观念更新有机地结合起来，利用信息技术改革传统的教学模式，实现教学内容、方法和过程的整体优化。如学校与《教育信息化论坛》杂志合作，多次承办教师信息化教学竞赛，全国各地名师工作室、优秀教师积极参赛，教师之间合作交流，深化课程改革。

（3）加强对教师信息素养考核。

不仅将教师现代信息技术水平纳入考核内容，也将教师信息意识及对信息化的理解和态度纳入考核内容，不断提高教师的信息意识。

二、教育信息化发展面临的主要问题

1. 教育信息化基础性研究有待进一步深入

由于没有清晰明确的研究成果为教育信息化实践提供指导，教师对于"技术促进学习"这一命题存疑，研究者也未能探明"技术如何促进学习"的内在机理，且信息技术的不当使用甚至加重了教师的工作负担，从而降低了教师在教学过程中应用信息化的热情，最终造成教师在教学过程中应用信息技术不充分。

2.教育信息化基础设施建设有待进一步提升

"十三五"期间,我国教育信息化在基础设施建设上取得了较大的进步,但与国际最新发展仍然存在较大差距,特别是新技术方面。如VR技术融入教学,大部分学校和我校一样,尚且处于摸索状态。

3.信息安全有待进一步加强

一方面,电子产品本身的保鲜期在逐年缩短,学校的计算机配置不能及时地更新换代,造成计算机配置跟不上快速发展的信息化的速度、系统性能不稳定等问题。另一方面,学校信息安全保障人员短缺,技术力量不足。

三、推进教育信息化发展的建议

1.加强教育信息化基础性研究

首先,在试点实验研究的基础上构建顶层设计。引导更多的学者和教师对教育信息化开展研究,并在此基础上不断完善顶层设计。其次,政策推进以"研究—实验—普及"分步递进的方式进行。最后,基于试点研究成果,制定教育信息化的相关标准,指导全国教育信息化发展。

2.加强教育信息化基础设施建设

一方面是加大经费投入,普及较为成熟的教育信息化技术应用。同时,选取相关学校进行新技术应用试点,不断拓展教育信息化技术应用。另一方面,不断完善基础教育信息化建设标准和管理规范,促进各学校同步发展。

3.信息安全有待进一步加强

一方面是电子产品本身的保鲜期在逐年缩短,学校的电脑配置不能及时地更新换代,造成电脑配置跟不上快速发展的信息化的速度、系统性能出现不稳定等一些问题。另一方面是学校信息安全保障人员短缺,技术力量不足。

教师实践

多彩课程：中班美术教学中的创意信息技术探究

□ 徐欣怡[*]

创意美术和美术活动的区别就在于"创意"二字。创意美术中，幼儿能更多地调动自己的想象和自由创造的能力，很有可能不会按照既有的美术形象去写实，而是带有自己主观的理解去表达，使作品呈现出丰富的个性和层次感。由于幼儿的理解和表达丰富、多元、个性化，教师准备的素材和示范也应做出相应调整，以适应幼儿观察欣赏和交流的需要，为幼儿的互动和创作提供条件。信息技术是突破传统的展现方式，在很多美术平面创作和立体塑造中都能发挥较为理想的作用。

一、平面艺术的盛宴——信息技术能集中、大量地展现美术素材

在一些平面美术作品的呈现上，多媒体等信息技术能清晰、多样地展现给幼儿以丰富的视觉刺激、感官感受，提供分享交流的机会，帮助幼儿直观、快速地接触学习内容。

1. 尊重并理解幼儿现状，设法鼓励其积极尝试

即使是同一张美术作品，不同幼儿的感受也不一样。他们会根据自己的生活经验、喜好和特长做出带有偏好的判断，教师应予以足够的尊重和理解，关注每个幼儿在欣赏中的自我体验。如欣赏活动《水墨画》，教师展示不同构图和题材的水墨画作品，并配上简单的音乐讲解来帮助幼儿理解作品内容，同为中班幼儿，有经验的幼儿表示喜欢、有兴趣、会画、想尝试，没有经验的幼儿则表示好奇、有兴趣、畏难、不想尝试，还有的幼儿仅仅对音乐和听到的讲解语言感兴趣。基于对幼儿的了解，教师在预设中加入了彩墨画，这充分调动了幼儿的兴趣，每个幼儿都对墨中散发出的色彩感到神秘而向往，从而更加乐

---

* 作者单位：昆山高新区茗景苑幼儿园

意去尝试。幼儿创作的水墨画、彩墨画加入了他们自己的配色设想和空间设计，独具个性，这便能够很好地达到教学目标。

2. 接纳幼儿的探索表达，"局限"即是当前最好

幼儿的作品并不完美，会因经验、技能的不足而有局限，这都是正常的。教师应从局限中发现幼儿的缺点，引导其主动思考和探索、实现自我提升，这是创意美术的重要部分。从这个意义上说，"局限"是有其意义的。在点彩画"沙滩"中，教师引导幼儿从真实的视频中了解极具特色的白沙滩、夕阳下的金色沙滩等景象，又请有相关经历的幼儿描述和展现相关图片，使幼儿在丰富的信息展现中感受沙滩的美丽，激发对创作的向往。在创作中，由于幼儿的手腕掌控能力不一，使用颜料的经验不一，使得他们点彩出"沙滩"上的"沙"是大小不一的，有的还呈块状分布，这都是幼儿创作的现状和局限。而在教师的眼里，在大家的欣赏点评中，这些局限和不足都成了特有的景色：它们是小螃蟹的沙窝，是被小朋友聚拢的沙堆，也是被海风吹散的大大小小的沙砾……静止的作品，不完美的创作，在幼儿的眼里立刻充满了活力和灵气。这得益于教师的接纳和认同，也和信息教学中展现的"活的沙滩"是分不开的。

二、立体造型的帮手——信息技术较为完美地呈现美术教学元素

立体造型是幼儿十分喜爱的活动。信息技术能全面呈现教师手持作品时不能被看到的部分，这能使幼儿对创作对象有更完整的了解。如纸工、泥工、雕塑等活动，采用视频素材、重点部位摄像、拆分等手段，能帮助幼儿立体感知这些形象。

1. "模拟博物馆"营造立体艺术的空间感

立体造型活动中，教师可以创设"模拟博物馆"，将小型立体作品展览呈现。配合灯光、视频讲解、电子资料介绍等方法，向幼儿展现作品的年代、作者、特点等，可使幼儿身临其境。此时，信息技术发挥了媒介作用而非教育的手段，它为幼儿营造了学习的氛围、交流的环境，使美术教育的意义延伸到幼儿的社会、人格等多个方面。应该说，信息技术在此刻强化了幼儿的情感体验和共鸣，在学习创作之外，达到了艺术教育的目的。

2. 利用动画技术创设生动的视觉效果

一些立体作品需要重点观察它们的结构、色彩等，信息技术也有其用武之地。如在用纸折金字塔的过程中，幼儿对金字塔底座的制作方法始终不是很清楚，信息技术能提供快捷、简便的方式帮助幼儿观察理解。教师把金字塔作品模型拆卸后制作成flash动画，向幼儿展现作品的细节和底部的连接方法，通过放大局部，幼儿很快就能明白底部圆形的

锯齿口是怎样剪出的,怎样粘贴的。因此,在我们为幼儿的接受能力感到困惑的时候,不妨尝试灵活的信息技术,相信一定会找到适合中班幼儿水平的办法。

三、体验与探索——在大胆"试错"中思考提升

在幼儿的成长中,"试错"是重要的一环。幼儿在操作中学习,在失败中体验,在体验中总结,每一次的挫折和失误都是有价值的。在观察美术作品时,幼儿会根据自己的经验、能力做出选择和判断,教师应敏锐地觉察到并给予尝试的机会和体验的空间。

1. 观察、尝试、体验

在折纸活动(折"飞机")中,教师把折纸步骤画成图片,用PPT展现,希望幼儿能够看明白步骤,一步一步探索完成。然而,不是每个幼儿都有足够的耐心跟随PPT。男孩小吉因为动手能力较强,总是抢在图片展示之前折下一步,不对,再返工重来,如是几次,反而影响了自己的速度,他也因此变得急躁起来,叫嚷着让小朋友、老师帮助他完成。教师耐心地询问小吉的问题后,鼓励他一步一步看清楚步骤,果然,小吉的理解力较好,认真观察了之后就明白了问题所在。

信息技术是良好的教学辅助手段,但即使是再好的技术,也不能替代师幼之间的情感交流和有效的鼓励。如果教师不冷静、不鼓励,小吉是无法教师安静下来观察PPT的。教师应给予幼儿尝试和失败的机会,只有体验到受挫和接纳,幼儿才会认同自己的失败,被教师接纳的喜悦会让他们更好地关注信息技术所展现的内容,关注自己的学习。

2. 讨论、创作、总结

在运用信息技术的过程中,师幼之间、同伴之间的互动和交流仍然十分重要。借助信息技术是为了打开幼儿的思路、想象的阀门,拓展幼儿的视野,使幼儿能够大胆地猜想、表达和创造,而幼儿的猜想、表达和创造往往会在他们的分享交流中得以清晰和强化,幼儿经常能在与同伴的交谈中找到适合的建议和灵感。因此,在利用信息技术的基础上,教师要鼓励幼儿拓展思路、大胆创想,从而使信息技术发挥最佳效能。

在信息技术蓬勃发展的今天,幼教人在创意美术活动中有了更多的教育教学方法的选择,幼儿有了更丰富的素材欣赏。教师应始终牢记人的作用,只有勤于思考、敢于突破的人,才能把信息技术的优势发挥得更好,有效提高教育教学效益,促进幼儿身心健康成长。

参考文献

[1] 谢颖蘋.幼儿园创意美术活动案例集[M].上海:华东师范大学出版社,2014.
[2] 李芳妃.和孩子一起玩艺术:激发孩子潜能的创意美术游戏[M].桂林:漓江出版社,2012.
[3] 胡玉娟.信息技术教育应用[M].北京:清华大学出版社,2016.
[4] 张燕.幼儿教师专业发展[M].北京:北京师范大学出版社,2006.

打破整本书阅读的教学时空

□ 周　澜[*]

突如其来的新冠病毒感染疫情，让所有教师不得不去认真思考、适应、掌握当下和未来的多种教学方式。"离校不离教""停课不停学"，师生复课后，线上教学仍将成为一种重要的教学模式，行之有效则利教利学，线上教学值得我们重视。

1914年，叶圣陶老先生就明确提出"把整本的书作主体，把单篇短章作辅佐"。从2008年开始，整本书阅读正式成为中学语文课程内容，一线教师也在不断探索、思考：如何高效地进行整本书的阅读教学？如火如荼的线上教学给笔者很大的启发：打破时空的阻碍，让整本书阅读进行师生、生生云对话，让阅读成为有趣的事情，让自学能力在阅读过程中得到不断提升。

一、利用网络实现云激趣

有疑则生趣，有趣则生学。面对一学期必读的几本书，学生难免有些束手无策，动力不足则阅读起来了无生趣，为考而读只会降低效率。一线教师日常教学安排相当紧凑，一周一节45分钟的阅读课上，所交流的阅读信息、阅读技巧、阅读心得体会十分有限。利用互联网平台可以打通阅读学习的任督二脉，冲破时间和空间的局限。为了让学生更自觉地投入整本书的阅读中，更高效地进行阅读，教师需要考虑如何高效地进行线上阅读教学，如何激发学生对整本书阅读的兴趣。

笔者认为，激发学生的阅读兴趣，可以让学生直面阅读的迷茫或恐惧。教师可以利用线上教学平台布置精细的预习工作，以学生为本，站在学生的角度提学习要求。比如：

---

[*] 作者单位：江苏省常熟市实验中学

"阅读此书前,你对它有怎样的疑惑和恐惧?""如果你想读这本书,说说为什么会感兴趣?""你希望多久读完它,每周读多少内容?"

教师在平台上以表格的形式发布作业,如表1所示,让学生选择问题1、3或者2、3做认真的答复。学生面对网络,心态自然而然得到放松,能够静下心来自省自促。同时,开放的平台拉近学生彼此的距离,看到他人的优缺点,取他人之长,补自己之短,无形之中通过彼此间互相铆劲学习,从而激发阅读兴趣。

表1 关于整本书阅读的情况调查

问题	答复
1.为什么我恐惧阅读这本书?	
2.为什么我对这本书感兴趣?	
3.每周阅读多少内容?	

教师在此环节的最后进行总结性发言,表扬一些真诚、出彩的言论,给出有方向性的阅读计划,引导学生有兴趣、有目的地开启阅读之旅。

二、超越时空进行云对话

行百里者半九十。能自觉坚持两遍、三遍、四遍地研读整本书,对于大部分学生来说是一种意志力的比拼,真正的阅读必须独自完成。作为引导者,教师除了在线下课堂上进行点拨督促,还能在线上与学生进行云对话,利用互联网给枯燥的阅读增添更多的生趣。

笔者在指导学生阅读《昆虫记》时,借助线上教学平台,让学生自己组织《昆虫记》的问题集。比如,在阅读"红蚂蚁"等章节时,让每位学生提出三个有价值的问题,其余学生进行解答,如果觉得某个问题特别出彩,或者在咨询出题者后瞬间豁然开朗,都可为该问题点赞。教师最后对问题进行筛选,选出点赞较多的热门问题下载下来集成一本关于《昆虫记》的"红宝书",编者则为每一章节被点赞最多的小作者。

当然,就文学作品而言,不同的作品有不一样的艺术结构,因此,指导学生进行整本书阅读时需要采取不同的教学方式。文学总需有趣味;总需有一个结构和审美的意义,有一个整体的连贯性和效果。比如阅读《骆驼祥子》,学生以主人公祥子的奋斗和毁灭作为线索,在线上平台合作完成思维导图或者给祥子撰写一篇小传,不仅能够集思广益使得小说线索不断被充实,同时也激励着学生反复去探索文本细节。再比如阅读《钢铁是怎样炼成的》,除了让学生合作绘制人物手抄报之外,也可要求学生仿照《西游记》《水浒传》等古代章回体小说的文言目录,给《钢铁是怎样炼成的》创造性地编写对偶式目录。

合作完成一些阅读小作业,让阅读的过程性评价显于无痕,让学生的整本书阅读不惮于孤独无助,借助师生的力量提高阅读能力,"有朋自远方来,不亦乐乎?"

在云对话的过程中,教师也要注意适当引导学生的阅读思辨思维。孙绍振先生曾在2018年的教师发展基金会"中学生批判性思维培养及思辨读写教学实践研究"课题年会上提到,"其实,我本来就是做文学理论批评的,所做的就是整本、整人、整(文)体的阅读……我论《红楼梦》《三国演义》《水浒传》《雷雨》和鲁迅等,都不仅是整本,而且是整人、多人比较,历史性地进行比较。"这给教师的启示.在线上阅读教学的过程中,注意引导学生多维度去研读作品。比如阅读《朝花夕拾》,学生可以去探讨《五猖会》中的家庭教育与当代家庭教育的异同、利用网络查找并概述中年与晚年时期的鲁迅、寻觅传统社会风俗的演变等。学生在网上查阅、搜集、筛选、综合总结的阅读过程是不断提升其自学能力的过程。这样的线上教学绝不可能一蹴而就,关键在于教师做好充分的备课准备,提出鲜活灵动的问题方案,让整本书阅读打破时空的局限,打破固有的思维模式,让云对话真正起到教育的意义。

三、线上线下架构云创作

要重视学生课外阅读的评价。应根据各学段的要求,通过小组和班级交流、学习成果展示等方式,了解学生的阅读量和阅读面,进而考察其阅读的兴趣、习惯、品位、方法和能力。学生阅读能力的提升是整本书阅读教学的目的之一,这份成果展示该如何呈现呢?

笔者认为,阅读应该是一件写意之事,应是见仁见智,因此教师不必将评价局限于写一篇读后感、默写或者考试。学生的阅读过程比结果更有意义,学生在阅读过程中实现其创造力的有效发挥,在作品与作者之间读出自我,这就是阅读成果之一。

生活就是语文,生活会给予语文学习的灵感,教师应该给学生架起语文与生活之间的桥梁。线上线下的教学,要既严肃又活泼。比如,让学生模仿微信群聊的方式,在网络平台上建立"梁山好汉群聊",教师发布某一精彩情节内容,让学生创造性地给予几位主人公精彩的对话,用鲜活的学习小任务去催化、提高学生的阅读、创新能力。又或者在班级公众号或者教学平台上发布教师和学生的优秀阅读日志,进行师生互评、家长评阅等;邀请家长参与到孩子的阅读过程中去,从而营造家庭的阅读氛围;如果线上教学能够让家长也有所参与和了解,那么会使整本书阅读得到更加有力的支撑。

在课内,笔者每学期利用知新阅读平台发布规定书目,学生按计划阅读,上传自己的旁批和感悟；在课外，积极引导学生把拓展阅读的书目推荐给班内同学，可以写推荐词，写阅读心得、评论，也可以为这本书设计腰封；一学年评选出班内二十五本值得阅读的书目，仿照毛姆的阅读集取名为《阅读是每一个青春期的避难所》。

不善于阅读，就不善于思维。学生在不断实践的云创作中拓展了阅读思维，线上教学的学前激趣、过程性对话、创新阅读成果等又能催化、提升中学生的阅读能力和自学能力。

整本书的阅读，阅读的是经久不衰的作品。教师不仅是阅读的引导者，也是文化的引领者、传承者。北宋哲学家张载曾经说过："为天地立心，为生民立命，为往圣继绝学，为万世开太平。"绝学即经典文化，为往圣传承经典文化，语文老师应该责无旁贷，而最好的传承方式，就是与学生一同阅读，用自己的阅读方式去吸引、影响学生的阅读，用学生愿意接受的方式去引导快乐阅读、巧妙阅读。

利用互联网，整本书阅读教学的方式不再局限于教师借助网络平台与学生线上云对话，打破教学时空局限，各种成熟的阅读APP也能够帮助学生补充阅读知识，这就需要教师做好更充分的教学准备，上好一堂网课，推荐真正有价值的网络信息资源，从而去引导学生安全又惬意地徜徉于书的海洋。

参考文献

[1] 雷·韦勒克, 奥·沃伦. 文学理论[M]. 刘象愚, 邢培明, 陈圣生, 等译. 北京：生活·读书·新知三联书店, 1984.

[2] 余党绪. 走向理性与清明：整本书阅读之思辨读写[M]. 上海：上海教育出版社, 2019.

[3] B.A.苏霍姆林斯基. 给教师的建议[M]. 周蕖, 王义高, 刘启娴, 等译. 北京：教育科学出版社, 1977.

STEM教育模式与小学科学课堂的融合探究

□ 钟宇虹*

STEM教育将科学、技术、工程和数学领域内容融合在一起,是开展教学的新型模式。本文试深入探究STEM教育模式与小学科学课堂的融合。

一、STEM教育内涵

STEM是Science(科学)、Technology(技术)、Engineering(工程)、Mathematics(数学)四门学科英文首字母的缩写,STEM教育将科学、技术、工程和数学领域内容融合在一起,综合不同学科的特点,开展教学的新型模式。STEM将获取知识、探究方法、数据分析、利用工具及思维创新进行了整合统一。

二、STEM教育模式特征

1. STEM教育具有情境性

STEM项目多是基于生活实际,着力于解决现实生活中的问题,强调学生将STEM知识转化为情境化应用的能力。STEM教育强调知识是学习者通过学习环境互动建构的产物,而非来自外部的灌输。

2. STEM教育具有协作性

STEM教育需要互相启发、互相帮助,群体协作,进行群体性知识建构。学生需要与他人交流和讨论来完成任务,让学生以小组为单位,合作搜集和分析学习资料、提出和验证假设、评价学习成果。

---

* 作者单位:苏州高新区秦馀小学校

3. STEM教育具有设计性

设计作品是STEM教育中至关重要的一个环节,通过设计促进知识的融合与迁移,并且通过作品外化学习的结果,习得知识和能力。在设计过程中,学生学习知识、锻炼能力、提高STEM素养。设计性是STEM教育的核心特征。

4. STEM教育具有体验性

学生在参与、体验获得知识的过程中,不仅获得结果性知识,还获得蕴含在项目问题解决过程中的过程性知识。STEM教育强调学生自己动脑动手参与学习过程。STEM教育是需要学生动手做的学习体验,学生应用所学的科学、数学、工程、技术知识应对现实世界问题,创造、设计、建构、发现、合作并解决问题。

5. STEM教育具有跨学科性

STEM教育强调融合各个学科,在学和做中发展学生的多元智能,通过各学科的规律性联系,不断培养学生的创新意识、创新能力和创新精神。

三、融合STEM教育模式与小学科学课堂的途径——以《我们的过山车》一课为例

1. 创设情境,联系生活

创设情境能够有效地吸引学生的注意力,活跃课堂气氛。创设情境能够使课堂教学更加贴近生活,给人身临其境的感受,带动课堂从枯燥、抽象转化为充满乐趣、生动具体。在有了生活体验的基础上,学生能对问题有更深入的思考,解决问题也更具有针对性。

以教科版小学科学三年级下册《我们的过山车》一课为例,如果学生没有生活经验,没有观察过真正的过山车,那么这节课的开展就会很困难。让学生先观察真实的过山车场景,聚焦分析"过山车"的运动方式,在此基础上结合自己所学知识设计制作自己的过山车,如此课程推进就会容易很多,学生也能更好地设计出自己的过山车,并在此基础上创新。即便初次测试出现故障,学生也能结合游乐园中真实的过山车来分析,找出自己制作的过山车的不足之处,从而改进。

在STEM教学中,对过山车的了解不能局限于简单的表面了解,而应该对其进行深入探究,如过山车的材料构成、路径设计、动力来源等。深入了解这些知识以后,对后续设计制作过山车会有很大帮助。

2. 分工合作,角色代入

STEM课程融合多种学科,运用多学科知识解决实际问题。由于STEM课程是项目

式课程，任务重，所以分工合作在STEM课程中显得尤为重要。合作学习能力对于学生的学习和成长有重要作用，在合作中，学生通过分享想法、提出问题以寻求更深入的理解，大大提高了学生思维能力、动手能力。除了合作之外，分工也是很重要的。教师可以结合项目特点，为学生设定不同的职业角色，将学生带入项目情境中，增强学生对项目的兴趣。

《我们的过山车》一课分工时，笔者将班级学生分成6人一小组，设定了5种不同职业，分别是总工程师、设计师、工程预算师、建筑师、监测师。总工程师负责统筹推进整个"过山车"项目。设计师负责完成过山车的设计，完成设计图，并且选定制作过山车的材料。工程预算师负责对"过山车"工程进行预算，运用数学知识估算出所需材料数量。建筑师负责按照图纸完成过山车的制作，由于建筑师工程量比较大，所以安排了两位同学当建筑师。监测师负责对过山车进行工程测试。设定不同的角色后，学生会更有代入感。

3. 创新设计，多元融合

过山车的刺激感主要来自特别的加速度体验，比如垂直下落或过山车做抛物线运动时的失重感，或是突然的加速等。另外，过山车的车厢是敞开的，再加上有时候公园会故意做一些看起来像障碍物的包装，让人误以为会撞上去，周围环境的极速变化及过山车运行时巨大的声响更会加深乘客的刺激感。这就对设计师有较高的要求，工程设计师不仅要设计出过山车轨迹，还需要选择合适的材料，材料会对轨道有一定的限制，比如由于吸管多是直的，可以运用吸管做直线运动部分，弯道部分可以用软管制作，还可以运用纸板、排水管、纸箱等材料来制作。总而言之，结合不同材料的特点，设计出不同的设计图。

4. 实践完善，测试改进

测试是STEM项目的一个重要步骤，初次完成项目制作后，对其进行测试。当测试模型达到目标时，可以进行后续交流设计，若测试模型没有达到目标，则需要进行改进。发现问题，通过小组讨论、思考来探究故障原因，并对项目进行改进优化。

设计师完成图纸后，建筑师按照设计图完成过山车，监测师对过山车进行测试。测试在STEM活动中有着非常重要的作用，测试是对项目探究的反馈。测试能够发现一些意想不到的问题。在对过山车进行测试的过程中，发现在弯道处小球容易飞出，部分轨道坡度不合适导致小球缺少动力或动力太足导致小球飞出等问题。针对这些问题，小组讨论并提出解决办法。学生进行了多次调整，最终通过优化设计、调整坡度、优化材料解决了这些问题。通过测试，发现大多数过山车初模型效果不佳，需要调整。但这反而为学生提供了重要的学习机会，让他们总结失败的教训和提出改进的方法。

5.成果展示，制作分享

成果展示是整个课堂的主旋律，通过交流分析，学习不同小组的项目创造思路。通过学生的动口、动手、动脑来展示项目成果，以达到活跃思维、锻炼勇气、培养能力、塑造人格的目的。课堂展示能调动学生的学习热情，创设轻松的课堂氛围，学生无拘无束地"动"，随心所欲地"说"，在课堂的零干扰状态下主动求知，以学促教。除了运用课堂进行成果分享外，还可以通过校园作品墙、成品展览等多种方式来展示项目成果。

在《我们的过山车》一课中，学生分享成果环节将课堂推向高潮。播放着轻松的背景音乐，学生以小组为单位，上台展示自己组的项目成果。学生的设计制作各不相同，制作材料分别有纸板、彩棒、乐高积木、吸管、软水管等，大家使用的固定材料也各不相同，如胶水、双面胶、绕线、嵌套等。巧妙的设计，精致的制作，大家赞叹不绝。

展示是STEM课堂的重要环节，是检验和评价学习效果的核心，是解决学生学习内驱力的金钥匙。STEM主张人人参与，个个展示，突出学生的"展示性"学习。

STEM教育与小学科学课堂的融合并不是一件简单的事情，但是将STEM教育模式的各个特征渗透入小学科学课堂的活动组织环节并不困难，相信通过这种渗透，学生的科学素养能够得到很好的提升，这种渗透就像滴滴雨露，滋润孩童内心的STEM幼苗。

参考文献

[1] 舒俊波.小学科学教学中STEM活动的推进策略[J]. 教学月刊(小学版 综合)，2017(3)：20-23.

[2] 胡珏.小学科学课中开展STEM活动的方法[J]. 新课程(上)，2017(7)：131.

NVivo教学视频分析支持的小学教师专业发展方法探析

□ 姜佳颖*

在"互联网+教育"的推动下,教育信息化、教师专业发展成为当前小学教育发展的重中之重。小学教师通过不断汲取新知识,积极运用信息化技术提升自身专业素养与能力,为教学提供更强大的师资支持,推动小学教学创新发展。其中,视频分析技术的应用不仅大大推动了教师专业发展速度,更有力促进了其自身能力素养、教学水平的提升。本文通过对NVivo教学视频分析与教师专业发展概念的阐述,探索该软件对促进小学教师专业发展的价值。

一、NVivo教学视频分析与教师专业发展的概念

1. NVivo教学视频分析

视频分析就是教师利用课堂观察法从方法、内容、目的等角度对教学视频进行有效分析,继而实现对课堂的优化,提升教师教学水平。教师可以通过多角度、多层次播放内容,无限次再分析,总结某种行为模式规律,最终应用于课堂教学,提高教学实效性。NVivo教学视频是当前应用效率较高的一种定性研究分析软件,该软件拥有强大的智能应用程序,能对课堂教学进行深度挖掘和分析,最终形成可视化、数字化内容,为教师提

---

* 作者单位:苏州工业园区星汇学校

供更好的辅助教具。当前，大部分小学使用的NVivo为NVivo 11 版本，该版本的软件性能更加优越，应用效果更加突出。它不仅能导入数码图片、PDF、Audio、Word等多种媒体文件，还能建立二维、三维分析图表并导出分析结果，让教师更好地了解和掌握课堂真实情况，对改善小学生课堂学习行为、推动教师专业化发展、提升教学质量等大有好处。

2.教师专业发展

教师专业发展是教师个人专业成长、优化、升级、丰富的过程，该过程具有自主阶段性、情境多样性，是教师在外界诸多因素的影响下发展的结果。教师在不断地自我完善中逐渐增强专业发展意识，提升职业认同感，从而激发出更持久的自主发展动力。小学教师不仅是学生课业的授予者，更是学生成长的引路人，教师通过对自我专业发展的正确认知和深入探索，可以促使自己发展成为成熟、稳重的专业人员，并在教育实践中不断分析、反思、探索、创新，最终形成与新时代教育理念并驾齐驱的教育观念，做好学生的引领者。

二、NVivo教学视频分析对促进小学英语教师专业发展的价值

1.有利于扩大教师专业发展活动范围，提高教师参与度

作为新时代教育视频软件，NVivo在促进小学教师专业发展方面有不可取代的作用。它既能满足教师随时随地教学、管理的需求，又能帮助教师充分利用碎片时间发展专业技能和知识，让教师在兼顾家庭的基础上发展专业，继而增强教师专业发展的可行性。

2.有利于拓展教师专业发展的学习资源，增强发展实效性

NVivo教学视频软件能利用课堂录像来帮助教师解读特定阶段的教学意义，继而生成针对性极强的分析统计报告，为教师评估课堂教学效果提供保障。另外，教师借助NVivo视频软件不断提升自我，借鉴并融入其他教师的教学与发展经验，激励其不断优化教学设计，提高课堂教学效果，推动教师专业发展与教学质量同步提升与发展。

3.有利于教师建立发展共同体，提升研究的有效性

在教师职业生涯中，专业发展是至关重要的一环，不仅贯穿教师职业生涯始终，更对教师的发展意义重大。教师通过NVivo教学视频软件建立多种形式的教师共同体，如"线下教师专业发展社群""教师专业发展微信群"等，以协作的方式来寻找志同道合的学习伙伴，形成相得益彰的教师专业发展团体。在此共同体中，教师通过对NVivo视频软件的分析、观摩、研究，探讨教学课程、风格等多方面内容，共享教育经验、交流见解，继而形成百花齐放的良好学习局面。

三、提升NVivo教学视频分析支持的小学教师专业发展策略

1. 提高教师信息化素养，提升教师专业知识

信息化时代，教师只有充分发挥"互联网+教育"的优势，才能促进其专业发展之路更加稳健，才能为其专业知识的提升奠定良好基础。因此，小学教师必须充分利用信息化手段，立足教学实际，探索新教学方法和专业发展方法。例如，在上完一节课之后，教师可以通过NVivo视频分析软件，回放教学实况来观看教学中师生的表现，并通过分析来了解自己在教学情境创造、细节把握及内容讲解等方面是否有纰漏，以此为参考来发现教学中的不足，并予以修正，从而不断提高自己的教学能力。其间，教师还可以观察自己对网络课例资源借鉴的效果，参考其他教师课堂教学行为的实效性，对比本节课与之前课程的教学情况等。这样能帮助教师更好地了解自身的优势与不足，及时发现教学问题，提升教学效果，继而促进其专业教学能力的良性发展。

2. 收集学习行为数据，促进教师知行合一

教师专业发展所涵盖的范围非常广，不仅包含理论知识，还包含实践操作，因此，在探索教师专业发展方法之时必须重视两个方面的结合。教师通过NVivo视频软件不断收集教学中存在的问题，可以推动其对过去经历、教学行动有更加深入的了解和认知，继而为其专业知识与能力发展奠定坚实基础。同时，利用NVivo存储技术实现不同学习场景教学数据的收集，还能追踪学习行为大数据。从环境、特征、资源、教具、行为等多个方面去分析探索，借助可视化报告显示每位学生的参与度、专注力、学习效果等，为教师教学反思提供可靠依据，为促进其实现知行合一创造有利条件。

3. 自我教学反思促进创新，推动教师知能持续发展

教学反思是教师走出经验局限性、拓展理论认知的重要途径。小学教师通过不断反思、自我探索，提高高阶思维能力，可以促进其自动追求最优解方法，为其自主发展意识的培养提供息壤。同时，在"互联网+"思维的推动下，教师不断融合、创新、重塑教育知识体系，以反思话题为载体引发线上线下教师专业发展社群探讨，为解决实际教学问题、提高专业发展认同感、增强职业规划意识奠定基础。例如，教师可以组织开展教学研讨交流会，通过观摩分析彼此的教学过程，分析NVivo视频分析结果来发现教学中的实际问题，并反思修正再实践。这样利用NVivo教学视频分析数据不断自我反思、再实践的过程，既能加深教师对教学中问题的认知和思考，也能促进其对教学理论的重新认知，继而增强其教学实效性，达到提升其教学能力、促进其专业发展的目的。

NVivo教学视频分析的应用更利于小学英语教师专业发展,特别是教育信息化的融合、大数据的利用,能帮助教师直面教学中的问题,帮助其构建良好教学情境、优化教学设计,提高其对教学资源的利用,增强教学实效性。小学英语教师要不断利用NVivo教学视频软件,博采众长,创新自己的教学方法,继而寻求更好的教学方案,为提高自身专业发展提供助力。

参考文献

[1]马勇军,姜雪青,王子娴.我国教师专业发展研究回顾与展望[J].教师教育学报,2020,7(6):22-29.

[2]李跃雪,陈秋次,孙中华.借助MOOC促进教师专业发展:价值分析与优化建议[J].教育观察,2020,9(41):52-54.

[3]唐瑗彬,石伟平.教育信息化2.0时代的职业院校教师专业发展路径研究[J].中国职业技术教育,2020(21):46-53,61.

"强基"背景下融合式线上教育的思考与实践

□ 朱 勇*

线上教学并非疫情中才出现的新生事物,有些地方在此之前早已建立并成熟运作了类似"线上教育中心"这样的平台作为一种免费的课后学习帮扶手段。经过新冠病毒感染疫情防控期间的进一步实践,可以预见,线上教学将成为未来教学的一种常态化的补充手段,在课后帮扶中将发挥重要作用。

线上教学时,教师虽精心备课,但与真正的面对面课堂教学相比,其局限性也是显而易见的。课堂教学是集知识、情感、眼神、语言、姿态及课堂氛围于一体的综合性活动,教学过程是丰富而活泼的;而线上教学时,教师能把知识讲透彻、讲明白已属不易,再要求师生要保持互动实属不易;同时,受空间限制,教师无法做到对学生的线上学习进行完全有效的管理。

基于此,面对未来线上教学的发展需要,特别是"强基"背景下对发展多学科融合式教育及中学生核心素养培养的需要,高中教师就不能简单承袭常规做法,必须思考线上教学工作应如何转型升级。笔者经过一段时间的初步实践,发现融合式教育可以发挥良好的效果,经济学上的"边际效应递减规律"(即线上课兴趣递减)也并没有在融合式课堂中明显发生。

笔者认为,融合式教育即不唯固定程式,不唯单一学科,不唯单一手段,不唯考试分

---

* 作者单位:江苏省苏州第一中学校

数,其最终目标是立德树人,促进人的不断成长。以下,笔者简要分享一下自己的举措。

一、文史哲一体化融合教学

疫情初期,笔者发现线上课对着屏幕报流水账陈述一遍PPT,从操作来说很简单,内容也不会遗漏,但在和学生互动时却发现应者寥寥,说明这样的课PPT再精美,内容再精致,对于学生来说仅仅是一堂无趣的课。

新课改后,"强基"背景下,从高中生的能力发展来看,特别需要多种基础学科知识作支撑,尤其是偏文的学生特别需要全面掌握文史哲知识,因此将原本风格不同的内容和讲授方式融合进课堂,能有效拓宽视域,提高课堂的趣味度。基于此,笔者回顾了央视曾经的金牌栏目《百家讲坛》郦波教授的讲座,模仿了"学习强国"《少年得到》栏目中王弘治教授的网络课,受他们启发,笔者在课件制作和讲授过程中穿插充分、翔实的文史哲等课外知识,同时用演讲般的情感上高中政治线上课。

二、多种信息化手段融合教学

"强基"需要多学科融合,也需要多种手段的融合。线上教学使用信息化的平台必不可少,多种信息化手段交互式教学对教学效果的提升有重大意义。笔者以腾讯公司提供的软件为例:

(1)以"腾讯课堂"为主要平台进行每日常态化教学工作,平台功能的稳定性保证了课堂教学的质量和稳定的参与度。

(2)以"腾讯会议"为平台进行小组化讨论和针对性辅导,小范围的会议模式简便、即时、参与性强,并能解决实际问题。

(3)以"腾讯作业"为平台进行主观题作业质量的检测和学业评价,学生作业的字迹是否端正,格式是否合乎规范,答题的准确性一目了然,同时作业照片又能保留进行横向对比和优秀作业展示,褒扬先进,督促落后。

当然,笔者还充分使用"问卷星"进行客观题的高效评改和错误率统计,不仅快速准确,且便于教师掌握学生的主要知识盲点,也方便作业讲评突出重点。

"麻雀虽小,五脏俱全",线上教学是一项综合性的工作,也必须体现"教学七认真",因此,教学、辅导、反馈、评价等环节必须齐全才是实实在在的有效工作。

三、综合调动各种非智力因素实施融合教学

1.教师的点评语言要慎重和巧妙

愉快的情绪和对挫折的忍受性与意志都是重要的非智力因素,因此即使批评也需要重

视一定的情境。隔空批评无非是基于作业的质量高低;如果确实要进行适当批评,要把典型性的作业图片呈现出来,否则泛泛而批只会让学生觉得课堂无趣,对学习更加漠视。

2. 重视塑造学生正确的理想、信念、世界观

这些属于高层次水平的非智力因素,对学习具有广泛的制约作用。线上教学特别是政治课教学中,必须高度重视用好身边的素材,弘扬社会先进人物和正气。比如结合抗疫中青年一代和老一辈专家们的事例鼓舞青少年,促使学生珍惜学习机会,提高学习质量。

3. 教师要敢于暴露自己的不足

教师要善于向学生学习。今年是在线教学的"井喷"之年,也一定有着数不胜数的"翻车"笑料。在课堂教学中如有这类事件发生,要主动向学生告知,也向学生请教,请教的过程其实就是一个教育的过程,有力调动了学生对知识的学习热情。

4. 教师特别要重视自身的"正能量"

新冠病毒感染疫情防控期间的线上教学,给我们带来一些困难,但也有积极价值。学生在线上认真听课,教师就必须积极呈现精心准备的课,要让学生感受到教师对线上课的重视。教师不能松懈,不要总想着开学后再重新学习。从某种程度上来说,疫情防控期间对待线上课的价值判断和价值选择,不仅仅关乎教学的有效性问题,同时也关乎师德水平表现的问题。

四、以创新型的开放式作业将核心素养培养和线上教学有机融合

"强基"所代表的要求即为中学生核心素养培养的要求。

在新冠病毒感染疫情防控期间的线上教学过程中,笔者除了进行高二政治课程的授课外,还以核心素养为导向,不失时机地布置一些开放式的政治作业,收到了学生的积极反馈。

作业例举:"我理解的政治核心素养"

作业原文:各位同学,根据2017版普通高中政治课程标准要求,每位学生通过思想政治课教学,应逐渐形成具备如下的学科核心素养:①具有政治认同素养;②具有科学精神素养;③具有法治意识素养;④具有公共参与素养。

请每位学生结合在本次抗疫中你所掌握的各种资讯(包括你直接或间接参与抗疫后的感悟),围绕其中一个核心素养,以"疫情防控期间,我对××素养的理解"为题写一份体会。

笔者通过批阅这次作业,才发现自己低估了学生的深邃和高度。我们都知道,孩子说的话最真切。只有生动、真实,才能让我们的学生写出如此肺腑之言。

邰×杰同学作业：通过这次新冠病毒感染疫情，中国已经向世界证明，中国特色社会主义制度有着不可逾越的优势，中华民族在面临严峻考验时，会有着更大的团结和力量。在物资的调配上、人力的调动上、地区的协调上，都充分体现了中国集中力量办大事的优势。制度的优势只有在实践中才能检验出来，只有在比较中才能彰显出来。同样是面对严峻的疫情，只有中国能够如此高效。我们要坚信在中国共产党的领导下，坚持中国特色社会主义道路，中国会有更加美好的未来！

张×卓同学作业：中学生更应培养社会责任感，热心于公益事业，践行公共道德，乐于为人民服务。这体现于一点一滴之间，大到人类集体的命运是一个共同体，小到我们一个学校、一个班级、甚至个人，都处于这种框架之中。我们在帮助他人提高的同时，也在一点一滴地改善所身处的环境，爱的能量不会因为分享而使你亏损，反而会在流动中生生不息。个人带动整体，整体环境的改善又会反哺个人。但行好事，莫问前程。

选择政治这门学科，就是要把整个中国时时刻刻装在心里。以吾辈之强，强我泱泱中华；以吾辈之志，治我百年盛世。今日，号角已然吹响！他日，必定红旗招展。

可以发现，学生没有把这份政治作业做成一篇应试作文，而是围绕主题分享了自己最真切的感受和体会。

这次作业效果斐然，参与度非常高。同时也告诉笔者几个道理：

（1）学生的表达需要平台，要放手，给学生提供表达的机会。

（2）只有善于将宏观的政治、经济、社会背景转化成适合教学的、贴近学生思想实际的生活化情境，才能实现有效教学和有效教育；"危"中有"机"，一场灾难，如果我们以积极的心态去处理，也能成为助力教育的最好素材。因此，千万别让宝贵的教育资源从身边溜走。

（3）思想政治课只有在教材的知识脉络和学生的思想脉络交叉处进行价值引领，才能走进学生的心灵。

五、设计精妙的微活动，将人生目标教育和线上教学有机融合

政治学科的根本任务是立德树人，同时也要培养学生规划人生，增强内生动力。政治课既是"道"，也完全可以成为"术"。受此次疫情影响，一些学生过度沉迷电子设备，我们发现学生的心理焦虑情况要比以往上升不少，目标缺失现象成为亟待关注的问题。因此，笔者设计、组织了全体学生"给明年的自己写一封信"的微活动。

活动原文：2020年2月27日是距2021年6月7日高考一年又100天整的日子，相信经过高中一年半的学习和历练，你比2018年秋刚进校时又多了一分成熟和思考。尤其是今年在抗击新冠病毒感染疫情的过程中，各种感人、励志的新闻及抗疫英雄和先锋模范的事迹，2020届高三学长们拼搏高考的种种不易等，一定都能让你永生难忘。请你把这些感悟及时记录下来，给明年的自己写一封信。

精神可以转化为物质力量。2021年的2月27日，我们想请你亲自打开这封信，回顾一年前这段难忘时光，为你自己和全体同学共同吹响冲击高考的最强号角。同时，这封信对你而言也一定具有终生收藏的价值。

与其说笔者这是在组织微活动，还不如说这是引导学生以真实素材自主创设情境，让学生在真实的情境里，通过自主学习和研究性学习，主动进行意义建构，探索生命的价值和未来的方向。

黄×儒同学书信：马拉松比赛跑到28公里处最为疲惫，已跑了全程的三分之二，放弃是很可惜的。可大多数参赛者描述，那一刻身心涣散，万念俱灰，选择放弃几乎毫不犹豫。实际上，我们平时也是一天到晚为自己找借口。最后，我们就是在一次次"轻松"中丧失了获得成果的机会。坚持，可真是看起来简单却异常艰难的事啊！

谢×婷同学书信：你背单词时，阿拉斯加的鳕鱼正在跃出水面。你挑灯夜读时，极圈的夜晚散漫着五彩斑斓。但是，你别着急，当你为你的未来努力奋斗的时候，那些你觉得一辈子都不会见到的景色，那些你觉得终身都不会遇见的人，正一步一步朝你走来。

汪×同学：今天是距2021年高考整整一百天的日子。时间过得真快，一年前我们宅在家中一边学习一边抗疫，而现在和高考的距离已经近在咫尺。我不想跟你说"高考不是唯一的出路"来试图减轻你的压力，因为努力了这么久，谁都希望发挥到自己的最高水平，无愧于心。在这剩下的一百天里，你该努力了，不要再为自己的贪玩找借口了。你的未来都将由自己决定。放下你的手机，放下你的贪玩，放下你的懒惰，现在还不晚，加油！

我们常说的生涯规划，就是在"认识你自己"基础上，用符合个性特点和自身实际的方法去引导和点燃每一个生命。通过这类微活动，笔者以正确的价值引领，引导学生跳出自我，审视自我，以他律逐步达到自律，以外在压力推动逐步转化为内生动力驱动，将目标教育和线上教学有机融合，促进线上教学质量的提升。

总而言之，在笔者看来，"强基"的"基"，就是既重视基础学科又打通各学科；既着眼于生涯规划，又着力于中学生核心素养的培养；既重视活动能力的锻炼，又重视塑造正确的价值观,落实立德树人的根本任务。

因此,无论是新冠病毒感染疫情防控期间的线上课,还是线下课堂,转变和创新始终是不变的主题,融合式教育给线上教学工作提供了一种思路,让每一节课上出优于线下课的效果,只有这样才能让教育具有成长性和生命力,让有效教学真正落地。

参考文献

[1]董红干.以疫情为教材,提升学生核心素养[J].中学政治教学参考,2020(9):46-47.
[2]邵秀珠."互联网+"点亮中学教师专业发展之路[J].中学政治教学参考,2020(9):70-72.
[3]王少清,丁丽娟.在线教学优势的线下融合[J]人民教育,2020(17):65-67.

信息时代下初中线上线下教学高效融合策略微探

□ 陈 莉*

2018年6月教育部出台《教育信息化2.0行动计划》,其中提出"大力推进智能教育,开展以学习者为中心的智能化教学支持环境建设,推动人工智能在教学、管理等方面的全流程应用,利用智能技术加快推动人才培养模式、教学方法改革,探索泛在、灵活、智能的教育教学新环境建设与应用模式"。利用信息技术手段、大数据人工智能对教与学过程中的数据进行分析,对师生教学精准化、个性化的探索成为时下教学研究的热点。

信息技术和教育的融合正在推动初中教学模式的变化,教师需深入研究信息时代的各类信息化教育元素,寻找新教育元素与初中教学的融合点,利用信息技术激发学生学习的内驱力,给学生带来良好的学习体验。教师还要借助信息工具为学生开辟新的学习路径,使学生认识到信息化教育的实效性,学会利用信息工具进行自主学习,提升自主学习效率。

一、初中教学线上线下教学融合存在的问题

信息时代下初中教学正在朝着信息化方向发展,但各类信息化教学方法、工具对初中教育而言都是新事物,教师在将新事物融入教学体系的过程中遇到许多问题,这些问题对构建高效线上线下教学模式造成了阻碍。

首先,学生的学习内驱力不足,线上教学场景缺乏有效监督,许多初中学生难以在线上学习的过程中做到自觉约束个人行为、提升学习效率。

---

* 作者单位:张家港市常阴沙学校

其次，信息化教育背景下，各学科的教学内容并未发生变化，许多教师只是用新的方式呈现教学内容，而没有真正有效地利用网络优质教育资源补充课内教学内容，这造成了优质线上教育资源的浪费。线上教育资源的浪费，会导致学生文化视野狭窄，线下教学的探究环节缺乏活力，课堂教学有效性得不到保障。

最后，传统的评价体系难以对学生在线下与线上学习的状况做出科学评价，甚至可能对学生造成误导，阻碍学生良好学习习惯、思维的形成。

二、初中教学线上线下教学高效融合的策略

1. 鼓励自主探究，激发学生学习内驱力

自主探究是激发学生学习内驱力的有效方法，也是实现线上与线下教学融合的重要路径。在应用混合教学模式的前提下，初中生将拥有更加广阔的自主学习空间。各类网络教育平台能为学生提供多种优质学习资源，学生借助这些资源开阔眼界，这对他们的长远发展有所帮助。

以语文学科教学为例，在应用自主探究教学法的教学过程中，教师首先可利用信息工具引导学生进行课前预习。传统的课前预习环节中，学生获取的学习资源并不多，预习过程需要完全依靠各类纸质材料，学生学习积极性一般不高。但在利用信息工具的背景下，学生可通过查询网络材料、观看课程相关视频的方式进行预习，了解与本节课有关的字词知识点、作家作品、写作背景，形成对文本的初步理解。在预学环节，教师还可利用网络教育平台向学生传递优质学习资源（如相关微课、作家作品视频、朗读音频等），要求学生围绕课题主体不断拓展知识框架，通过自学形成知识架构，为正式课堂活动的开展做好充分准备。

教师可将学生线上预习的成果应用于线下课堂教学中。网络教育平台通常会针对不同学习主体形成学习评价方案，教师作为教育主体可随时查看学生的学习状况，了解他们的学习进程与学习重难点。学生在充分预习的前提下进入正式学习环节，对教师所讲内容更为熟悉，还能结合课外知识阐述自己对课本知识的理解，产生具有创新性的想法。教师在课上以线上统计数据等直观的方式反馈学生课前预习的成果，要求学生在课堂上提出预习环节遇到的困难。不同学生的学习能力、学习兴趣不同，在课前预习环节搜集到的资料也不尽相同，不同学生了解的材料可能存在互补关系，一名学生提出线上学习遇到的问题，另一名学生可能知道问题的答案，并针对他人提出的问题进行分析。这种线上与线下结合的教育方式有助于强化学生之间的互动，增强实际教学效果。

2. 革新教学内容，吸引学生注意力

教学内容设计直接决定着教学质量，贴近教材内容且具有新颖性的教学内容能够吸引初中生的注意力，激发他们的学习热情。在信息时代，教师需挖掘网络中的教育元素，寻找网络教育元素和现实教学课堂的联系点，不断革新课堂教学内容，给学生带来良好的学习体验。

其一，教师利用网络学习平台搜索与本节课教学主题有关的微课等视听资料，对这些课程的内容进行整合归纳，整理成为新的教学素材，提升教学素材的质量。在教学课堂中，教师可穿插应用这些教学素材，补充课内教学内容。初中教师应当认识到各学科教材的局限性，并利用网络资源补充教材内容，不断扩展学生的文化视野，为学生提供看待知识的新视角。值得注意的是，教师在向学生推送教学资源前需对各类教学资源进行有效整合，利用逻辑线条将不同教学资源联系起来，使学生看到不同资源的内在联系，建立起对教学内容的初步认知。为保证学生能利用微课等视听资料有效学习，教师可要求学生在线下制作思维导图，利用思维导图整理微课中提及的关键知识点，梳理知识脉络，提升学习的有效性。

其二，教师可利用线上教育资源转化课本知识，增强学生在教学课堂中的体验感。比如在部分需要进行实验的学科教学中（如物理、化学等），教师可利用动画实验代替实际实验，通过动画向学生展示更多实验细节。动画展示的方式能提升实验的可操作性，教师可灵活根据实验需求改变实验条件，展示实验现象和原理。学生以直观的方式学习实验知识，进一步区分、归纳、整理，学习效果将显著提升。在语文、历史等学科中，教师也可利用这种方式将抽象的教学内容以直观、具象化的方式呈现出来。例如，在介绍写作背景或历史事件时，教师可利用动画展示事件的起因、经过与结果，体现事件不同发展情节的内在逻辑，帮助学生直观、深刻地把握事件脉络，形成立体的思维过程，同时也增强了教学的趣味性。学生跟随动画视频等讲解梳理故事发展情节，形成对历史背景、人物的深刻理解后，教师可再组织学生进行小组讨论，通过小组讨论产生思维碰撞，达到升华所学知识的目的。

3. 优化考核体系，提升评价结果可信度

考核体系能够为学生提供学习向导，传统的考核体系没有体现线上与线下教学相融合的特征，因此，教师需优化考核体系，使考核体系适应新的教学模式。

其一，教师应当将线上教学的成果纳入考核体系当中，通过考查学生的学习时长、考试成绩等项目评价他们的线上学习效果。值得注意的是，目前线上学习成绩的评定机制并不科学，部分学生利用网络题库作答，在考试中出现作弊行为，考试结果缺乏真实性。

教师应当控制线上学习评价结果在整个评价体系中的占比，在解决考试诚信问题后适当提升比例，保证评价的客观性、真实性。

其二，教师需关注线下教学评价体系的改进，采用多种方式提升线下评价效果。如改变单一的考核方式，通过总结归纳线上学习成果、演讲、情景剧表演等方式对学生进行考核，要求学生利用线上资源补充线下学习的成果。教师则要借助线下考核检验学生线上与线下学习的综合成果，引导学生发挥线上学习的辅助作用提升线下学习效率。随着线上与线下学习教学的融合与评价体系的改进，初中教学评价的结果将更加可信。

综上所述，线上线下融合的教学模式更能满足新时代信息化教育的要求，初中教师需强化对信息工具的研究，提升线上线下教学融合的有效性。比尔·盖茨指出，要明智地运用技术。技术是对教师的重新部署，而不是要去取代他们。教师的智慧在于能就教育教学问题寻求适合的技术支持，从而提高教育教学的效率；通过适合的信息技术手段优化教学环节，透析学情数据实现精准教学，从而实现真正的创优高效。如今，各类信息工具与教育教学的融合还处于初期阶段，随着对线上线下教学方法融合策略的探索和研究，初中教学质量将实现跨越式提升，满足更多学生的学习需求。

参考文献

[1]教育部.关于印发《教育信息化2.0行动计划》的通知[EB/OL].(2018-04-18)[2020-12-21]. http://www.moe.gov.cn/srcsite/A16/s3342/201804/t20180425_334188.html.

[2]汤懋杰,崔琳.大数据时代下新型混合式教学模式在初中数学教学中的应用研究[J].无线互联科技,2019(13):157-158.

[3]杨晓燕.基于核心素养的初中道德与法治混合式教学创建策略[J].中学课程辅导(教学研究),2021(20):52.

主题意义探究下小学英语单元复习教学的实践研究

□ 林 琴*

《义务教育英语课程标准（2022版）》指出，英语课程应该把主题意义的探究视为教与学的核心任务，提倡通过主题意义探究来重构和优化单元教学设计。单元复习教学作为大单元教学的重要一课，对于单元知识的梳理、整合和提升起着举足轻重的作用。鉴于此，笔者把主题探究下的单元复习教学理解为在单元格局的大概念视角下，引导学生多角度去模仿、思考和实践，从而提升他们语言能力，拓展思维品质，最终促进他们关键能力与必备品格的持续发展。

笔者以在第五届苏州市乡村骨干教师小学英语培育站执教的汇报课为例，其教学内容为译林版牛津小学英语五年级下册 Unit 3 Asking the way 单元复习课（Checkout板块）。其教学思路为" Travelling in Suzhou"，讲述外地女孩Mary到苏州旅游，通过"阅读苏州指南""多走才能熟路""撰写旅游日志"三大板块，完成"阅读——操练——创作"的不寻常旅游之路。通过主题情境的创设，学生在真实的环境中积极思考，最后通过自编绘本，对问路知识进行整合和提升，促使学生根据主题进行读写创作！

一、案例展示

Step1:Read a Suzhou Guide. （阅读导图，获取导图知识）

故事背景是外地女孩Mary到苏州旅游，为了熟悉地理环境，先看苏州"导图"。通过

---

* 作者单位：苏州市相城区元和小学

关键词Places, Ways和Signs（图1）了解苏州部分地理情况。学生认识苏州地名、路名和交通标识，明确专有地名大写等细节。在交通标识处，进行简单行走练习，设计Level1和Level2两个小运动（图2），为生活中的实际出行如何"指路"奠定基础。

图1

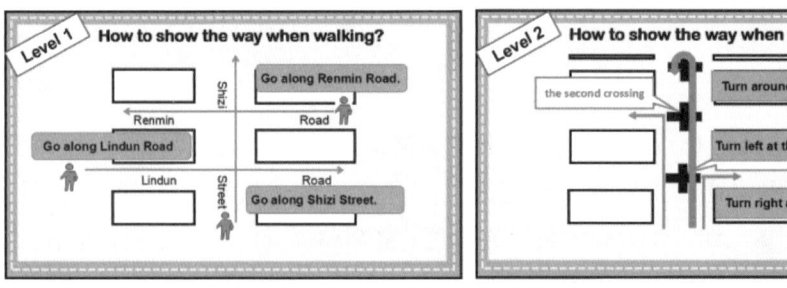

图2

最后以一首"安全旅游歌"总结第一板块（图3）。歌谣中的内容涵盖了"导图"内容，是对本单元路标知识的复习和拓展。学生在复习后意犹未尽，对如何在实际生活中行走充满期待。

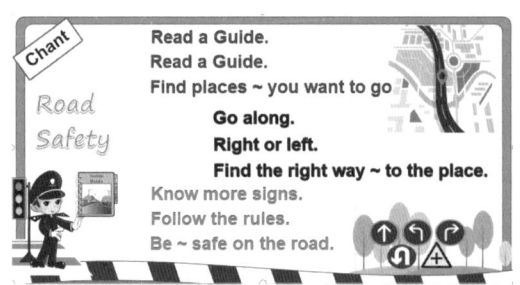

图3

Step2:Practice makes perfect.（熟能生巧，多走才能熟路）

1. 复习对话，活络文本

Mary初到苏州不知如何行走，她想去鞋店、超市和苏州中心，于是用三个问题询问：① Excuse me, where is the shoe shop? ② Excuse me, how do I get to the supermarket? ③ Excuse me, can you tell me the way to Suzhou Centre?对于三个问句的回答，第一个是听说训练，让学生听电子警察的声音再模仿回答；第二个是在语言支架的引领下，让学生看图填空；第三个是听文猜测，让学生思考如何回答问题（图4）。此过程把人机对话、意义模仿和情境对话融合起来，阶梯式的问答设计把教材文本中简单的对话鲜活地呈现出来。

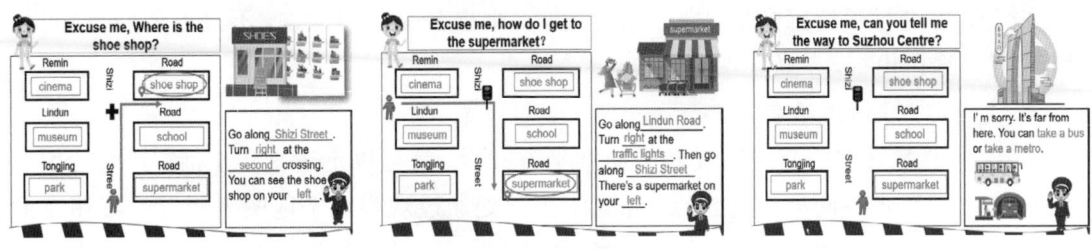

图 4

2. 衔接生活，拓展新知

教材文本以走路为主，辅以交通工具，其语言非常简单。但现实生活中的交通工具错综复杂，公交有"几路车"、地铁有"几号线"。要让学生真正学会利用交通工具，必须创设真实的情境，即带入有真实感的苏州交通生活。笔者以苏州乐桥公交站和乐桥地铁站为基点（图5），拓展符合实际生活的知识。例如：在乐桥站(at Leqiao Stop) 乘2路公交车(take Bus No.2)，在乐桥地铁站(at Leqiao Station) 坐一号地铁线(take Metro Line 1)等。并且以两条路线为例子，展开真实交通路线的指引，点燃学生学习兴趣，拓展语用知识的热情。

 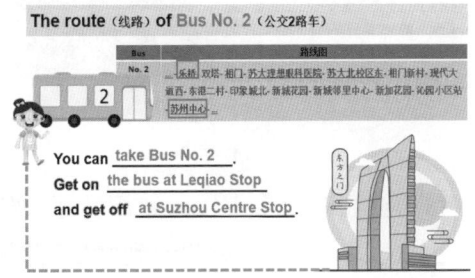

 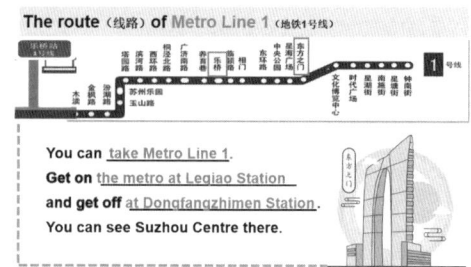

图5

此处,还进行了情感升华:当外出行走时,乘坐公交车和地铁,不仅方便而且环保。呼吁学生:绿色出行,争做环保小卫士!

3.走进苏州,活用语言

当学生熟悉真实的交通路线和交通乘坐方式后,就可以走进真实生活,开展运用语言的活动。学生走进两处旅游景点(图6):第一处通过观察电子地图去稍近的苏州工业园区白塘公园,可以用乘地铁和走路的方式到达;第二处通过询问智能语音助手去稍远的甪直古镇,可以用乘地铁和乘公交车的方式到达。在解决第一处路线解说时,笔者带领学生看图分步行走,再由多个学生综合复述;在解决第二处路线解说时,笔者先引导学生分组讨论,再由学生单独解说自己的观点,最后出示最便捷的路径让学生齐说;两处运用的语言,接近实际生活,让学生有话可说,激发他们热爱生活的情感;在引导方式上,从扶到放,让学生梯度表达,语言从简单到复杂,内容多而不乱,语言运用水到渠成。

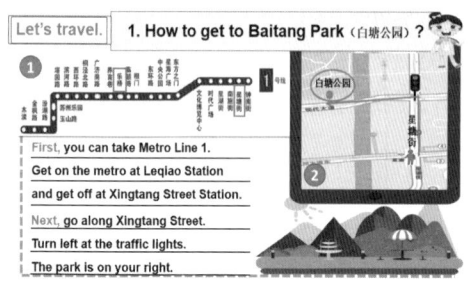 

图6

在白塘公园和甪直古镇两处旅游地,笔者还拍摄了风景秀丽的景点,让学生了解相关历史小故事,小视频的解说恰到好处,旅游的意义也油然而生,从而提升了学生的文化内涵。

Step3:Write travelling stories.（勤练笔头，撰写旅游日志）

1.深度阅读，提升内涵

Mary在苏州旅游，从苏州中心、白塘公园到甪直古镇，心情愉悦，撰写了个人日志（图7）。旅游日志先采用挖空填词形式，完善主题语篇；再进行整体朗读，分角色朗读，达到深度阅读的目的。

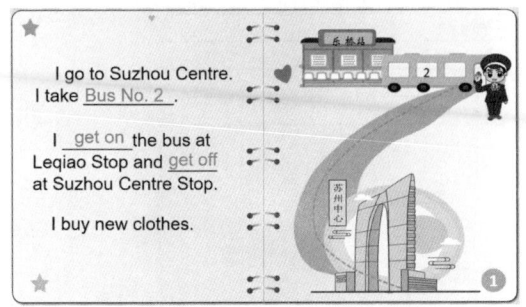
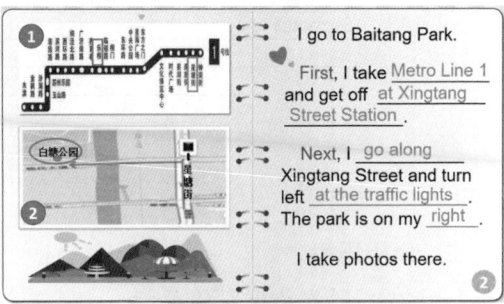
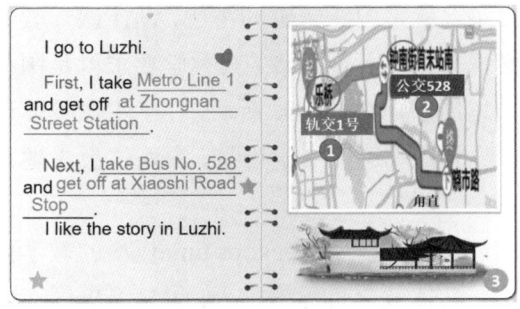

图 7

2.拓展绘本，练习写作

根据绘本的尾声，Mary还去了Shihu Park和Suzhou Park，笔者要求学生拓展绘本（图8）。以乐桥站为基点，可以选择一处或两处把出行方式写出来。A图只是单一的步行，表达比较简单；B图涉及公交车和地铁的转换，表达有点复杂，需要学生融合书本知识和拓展的乘车语言。拓展绘本，练习写作，是对单元主题意义探究程度的巩固和检测。

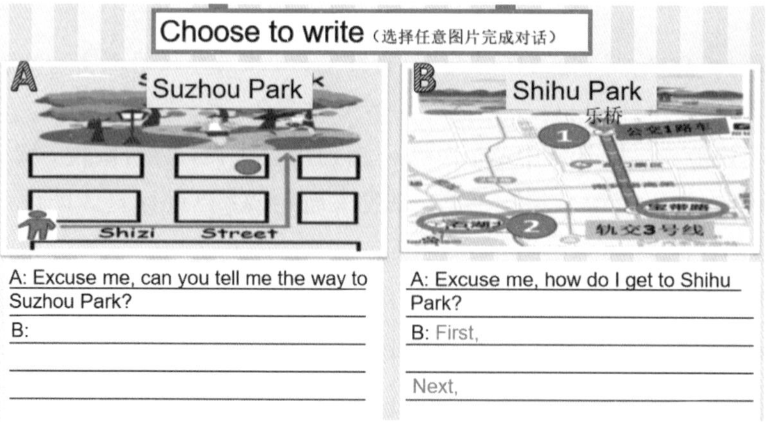

Choose to write（选择任意图片完成对话）

A: Suzhou Park / Shizi Street
A: Excuse me, can you tell me the way to Suzhou Park?
B: _____

B: Shihu Park / 乐桥 / 公交1路车 / 轨交3号线
A: Excuse me, how do I get to Shihu Park?
B: First, _____
Next, _____

图 8

二、分析思考

1. 找准主题意义探究的目标

程晓堂（2018）指出：基于主题意义探究的课堂就是围绕一定的主题，设计课堂教学的目标、内容与活动。本课是一节基于主题意义探究的单元复习课，其教学要求就是围绕单元大主题和课时子主题，通过集复习、新授和拓展于一体的教学活动，使学生在具体语境中开展听、说、读、写等语言实践活动，引导学生有效运用所学语言、深入体会主题意义，促进核心素养发展。

本课以"How to travel in Suzhou？"为话题，以完成单元Checkout time板块的教学内容为基础，对"问路"和"指路"进行巩固和提升。具体教学目标确定为：①复习巩固在问路上用到的地名、路标和转向等词汇、句型。②拓展实际生活中的地名和交通换乘方式，促使学生在真实的环境中积极思考。③通过自编绘本对知识进行整合和提升，促使学生根据主题进行"指路"的写作。④通过对旅游景点的宣传，提升学生对苏州的热爱；呼吁他们绿色出行，争做环保小卫士；倡导学生游玩和学习相结合，实现旅游的真正意义。

2. 建构主题意义探究的过程

（1）激发探究兴趣。

兴趣是最好的老师，主题意义探究教学首先要考虑学生的兴趣。无论是主题的确定、目标的设定，还是活动的设计，都需要从学生的视角出发，让学生最大限度地渗入主题探究活动中。本课通过小女孩Mary游玩苏州，找准恰当的阅读切入点，在第一部分"阅读苏州地图"环节,通过"认识苏州地图""吟诵安全歌谣"激发学生认识、游玩苏州的兴趣。

(2)指向解决问题。

基于主题意义探究的英语教学往往会把主题转化成若干问题,并把问题梯度排列;解决问题的方式从扶到放,引导学生逐渐独立解决问题。在第二部分"多走才能熟路"环节,通过Mary去三个地方"问路",引发学生如何行走苏州的思考。在教师的引领下,学生去"shoe shop"和"supermarket",接着学生自主练习去"Suzhou Centre"。在这里把问题分解成两个小活动:在苏州"乐桥站"坐公交车怎么去,坐地铁又怎么去?到达"Suzhou Centre"后去"Baitang Park"和"Luzhi Town"引发学生不断思考,运用已学知识解决实际问题。学生在经历一个个学习活动的同时探究主题意义,从而实现语言输出与意义获得协同发生的目的。

(3)创设连贯活动。

王蔷教授指出:英语教学应以主题意义为引领,创设具有综合性、关联性和实践性的英语学习活动。教师应引导学生采取主动、合作的学习方式,参与主题意义的探究活动,并从中学习语言知识,发展语言技能。本课开始就创设Mary这一人物形象,通过她"认识苏州地图""多走才能熟路""撰写旅游日志",设计了一系列连贯的故事情节和教学活动。在"撰写"环节,从说到写的过渡也开展了进阶式的主题活动,即围绕主题意义探究开展集知识、情感、思维、文化等多种元素为一体的综合性活动。纵观三个环节,教学的前一活动为后一活动做了铺垫,后一活动为前一活动作出反馈。这些环节呈现了环环相扣、螺旋上升的关联性活动;而且集合了紧密联系学生、联系生活,是解决真实问题的实践性活动。

(4)表达主题意义。

基于主题意义探究的教学,教师应结合国家的育人方针以及英语课程要求,促进学生对主题意义的理解和认识,帮助学生建构新概念,树立正确的世界观、人生观和价值观。本课的教学时间正值苏州新冠疫情防控后的维稳时期,讲述的是外地小姑娘Mary到Suzhou旅游的故事。上课伊始,笔者在出示"苏康码""二维码""戴口罩"等细节上做足了文章,督促学生要规范出行程序;到一个陌生地方旅游,要求学生在"攻略"上做足功课,不走"冤枉路",玩得开心有意义,同时要有绿色出行、争做环保小卫士的意识;在"问路"环节,不仅突出问路的多种方式,而且强调了要用"Excuse me"等礼貌用语询问对方;在"Baitang Park"的游玩摄影环节,告知旅游的意义在于留下美好的回忆;在

"Luzhi Town"的寻找古迹环节,告知旅游的意义还在于了解人文历史、增加学问。

最后,笔者将本单元所要表达的主题通过板书或者PPT呈现出来,与时俱进地回应了强烈的时代需求和文化需求,培养了学生良好的人文礼仪和文化自信,同时也实现了学科育人的核心价值。

三、综合简述

根据《新课标》(2022版),学生对主题意义的探究是学生学习语言最重要的内容。在开展教学工作时,教师要有意识地把主题意义作为指导思想或者领衔意义贯穿在整个教学中。而小学英语单元复习教学是帮助学生梳理语言知识、提高综合素养的重要一课,教师要进一步认识和理解主题意义探究的深刻内涵,并以此作为改进单元复习教学的重要指导思想。

在深入研读教材的基础上,教师要根据学生特点和教学需求整合教学资源,开展综合性、关联性的语言学习和思维活动。只有这样,学生才会将主题意义内化为自己的理解,把所学知识真正用于生活表达。小学英语单元复习教学才会发挥主题意义所承载的培养情感、态度和价值观的功用,实现学科育人的价值。

音乐课堂与信息技术的融合之美
——浅谈信息技术在小学音乐课堂中的应用

□ 朱江华*

在人类的精神生活里，音乐是不可或缺的一部分。音乐既是人类精神生活的重要载体、重要形态，更传承着人类悠久的文化和历史。信息技术与音乐学科教学的融合，就是在信息技术的支持下，充分地利用有限的资源，提高学生对音乐美的感知和鉴赏，更好地使学生体验音乐所传递的情感，激发情感共鸣，使学生有所感悟、有所沉醉。信息技术作为一个全新的教育手段，在传统教学上打破了空间和时间的拘束，打开了学生探索音乐的另一扇大门。通过与新信息、新潮流、新音画的结合，学生提高了学习音乐的兴趣。同时，信息技术与课堂教学的充分融合，丰富了音乐课堂的音视频、游戏、活动，拓宽了教师的教学思路，激发了学生的学习思维，提高了课堂教学效率，也更好地铺设了学生体验艺术美的道路。可见，音乐教学与信息技术的整合应用是需要、重要且必要的。

一、与信息技术整合，激发学生学习兴趣

兴趣是最好的老师。过于简单、单调的传统教学模式无法很好地吸引学生、引导学生，因而，教学效果难尽人意。而新时代下信息技术应用教学，在课堂上能从视觉、听觉等多方面吸引学生的注意力。如果设计适宜，则还能更好地让学生带着轻松、愉悦的心情充分参与音乐课堂、享受音乐课堂。例如，六年级《丝竹流韵》单元设计中，为了激发高年级学生对于传统民族音乐的学习兴趣，教师运用希沃设计了三类音乐游戏，把游戏中

---

* 作者单位：苏州市相城区元和小学

卡通可爱的形象与知识点相结合，配上夸张有趣的音乐效果烘托气氛，使原本略显枯燥的音乐理论学习变成了有趣、轻松的聚会式课堂。如此，学生不仅掌握了知识，也在课堂中欢聚一堂，既开心又欢乐，极大地增强了他们对音乐的学习兴趣。

二、与信息技术整合，直观形象，突破难点

音乐教材中关键性的知识点，通常是学生学习某节课的困难与障碍，解决重难点往往是音乐课中课堂设计的核心。如何围绕核心设计课堂，利用各类资源进行辅导教学正是教师需要反复思考的问题。而信息技术应用中有非常多的插件、资源等要素，可以将抽象转化为直观，将问题讲述转化为活动参与，在重难点处加以合理利用，动静相和，能很好地解决这些问题。

例如，欣赏童话剧《乌鸦喝水》。通过设计，把不同的乐器形象隐藏在课件中，同时放映乌鸦喝水等动画片段；接着，听辨乐器音色与演奏的音乐片段，加入希沃游戏插件帮助乌鸦完成游戏目标，利用转移不同的乐器组到达合适的屋子来完成游戏。这样，学生不仅玩得很开心，也在玩中掌握了知识，体验了互相协作和互相竞争。将教学中的乐器辨别、乐器分类的难点等通过直观的教学设计直接解决，这正是信息技术应用有效方式的体现。

三、与信息技术整合，激发想象，培养创造精神和实践能力

在以往的音乐课堂中，教师的课堂预设通常会主导整节课，很少将已经设计好的教学PPT、教学思路进行随时的修改与变更，整节课重视教师如何教，对于学生学的反馈一般无法及时有效地处理。而利用信息技术中一些新应用，可以有效地将学生由被动接受转变成双向交流、相互参与，甚至由学生主导课堂。

如欣赏《森吉德玛》一课，课件播放音乐和动画后，请学生模仿所扮角色的动作。欣赏全曲后，一是调动学生思维积极性，自己创编故事，边放音乐边讲故事；二是请学生发挥想象，分组讨论、合作，自制道具创编动作，随音乐表演音乐剧。师生可利用希沃白板的交互功能，将其大部分在白板上实现，如画出背景、选取合适的卡通形象、挑选道具、设置奖励与小惩罚、随机选取队员等。由学生进行简单的操作，教师仅辅助，这样在学中玩，在玩中学，不仅让学生亲自体会音乐特点和音乐形象之间的联系，还培养其创新合作精神，使学生真正感受到音乐课的魅力。

而在高年级课堂上，可改用多媒体教室进行教学，将简单的音乐创作插件共享到每一个学生的计算机上，鼓励学生利用教师提供的资源进行组合与创编，尝试进行简单的音乐创作，这不仅是对学过知识的检验，也可以挖掘学生想象力、创造力，提高学生的自

我成就感，爱因斯坦曾经说过，想象力比知识更重要，因为知识是有限的，而想象力概括了世界上的一切，并且是知识进化的源泉。信息技术在课堂上的应用，将新信息、新潮流、新音画与课堂教学进行有机结合，让学生充盈了学习音乐的兴趣，丰富了音乐课堂视频、游戏、活动等，使学生入情入境，犹如插上了飞翔的翅膀，在音乐的世界里尽情翱翔。

四、与信息技术融合，丰富内容，提高学生的学习能力

音乐课不仅是听一首作品，教唱一首歌，还应该在学生学习音乐的过程中培养学习音乐的能力，为学生的终身学习打下基础。

《音乐课程标准》中提出"要充分发挥学生在学校、家庭和社区运用网络方面所蕴藏的巨大教育潜力，引导学生利用现代信息技术学习音乐。"于是，在以后的音乐课教学中，笔者经常布置一些让学生利用网络学习的任务，让学生选择性地去完成。因为每一位学生都有权利以自己独特地的方式学习音乐，感受音乐的乐趣，参与各种音乐活动，表达个人的情智。如在上完三年级《金孔雀轻轻跳》一课后，笔者让学生在网上收集和聆听不同少数民族网络的乐曲，比较音乐要素的变化，感受情绪上的细微变化；学习《木瓜恰恰恰》前，让学生收集印度尼西亚歌曲的风格特点，又在课上指导学生归纳整理，鼓励他们在音乐课上交流。这样的活动，使得学生的音乐信息量得到了极大的扩充，也使得他们在学习中激发了音乐学习的兴趣，提高了学习能力。

总之，在音乐教育中，利用信息技术辅助课堂教学是提高教学效率的有力方式，有效且合理地运用既可以解决教学中的核心目标，又可以在培养兴趣、拓宽思维、启迪创新等方面发挥积极有效的促进作用，在学生通往艺术美的道路上起到良好的推动作用。学生在这样的课堂中，感受是美的、表现是美的、创造更是美的。

项目化推进：小学人工智能课堂教学设计与实践
——兼谈《Micro:bit光控灯》一课项目化教学

□ 刘海武[*]

人工智能是当代信息技术的创新成果，2017年国务院下发了《新一代人工智能发展规划》，将人工智能发展提升到国家战略高度。项目化学习是全球教育领域的热点话题，2019年，中共中央、国务院印发《关于深化教育教学改革全面提升义务教育质量的意见》，明确提出开展"项目化学习"。本文以苏州工业园区第二实验小学实施的人工智能校本课程《Micro:bit少儿趣味编程》中《Micro:bit光控灯》一课教学为例，从项目的展示与分析、项目的规划与制作、项目的迭代与创新和项目的交流与分享等方面入手，进行了行之有效的项目化教学设计与实践，对于如何在小学人工智能课堂推进项目化教学，让更多青少年了解人工智能、亲近人工智能，产生浓厚的探究兴趣，具有较大的参考价值。

一、项目化学习与人工智能

项目化学习是指学生在教师的引导下实施一个完整的项目而进行的学习活动，是当今全球教育者都在积极研究的一个新型课堂教学模式，也是目前我国中小学阶段落实学生核心素养的重要方式之一。

AI（artificial intelligence）即人工智能，它是研究、开发用于模拟、延伸和扩展人的智能的理论、方法、技术及应用系统的一门新的技术科学。人工智能的实施一般分为软件编程和硬件设备的输出，中小学人工智能课堂教学设备很多，如机器人、语音识别、人脸识

---

[*] 作者单位：苏州工业园区第二实验小学

别等,本文主要用Micro:bit板(图1)开展人工智能教育。

图1 人工智能Micro:bit板

Micro:bit是由英国广播电视公司推出的专为青少年编程教育设计的微型电脑开发板,大小为4 cm×5 cm,表面有25个LED灯组成,可通过网页编程平台(https://makecode.microbit.org/)进行脚本设计,设计好的程序下载电脑版,可控制LEC的显示。电脑板还配有多个传感设备,如声音、光线、振动等,基本能够满足中小学人工智能场景教学。

本文是基于项目化学习的Micro:bit人工智能课堂教学,即从实际问题出发,学生通过观察、讨论等制订相应的实施计划,之后根据制订的计划和已有的知识、经验及教师提供的学习支架自主完成,并自主重新建构知识体系,总结出解决实际问题的方法和步骤,在此基础上进行项目创新,从而设计出更加具有时代个性的迭代产品。项目化学习过程中,学生在"做中学",教师在项目化教学中应采取多种教学策略,设计不同的任务,引导和激发学生产生思维碰撞,并引导学生在反思中自主梳理学习成果、总结学习经验。

二、人工智能项目化课堂教学模式

1.人工智能项目化课堂教学设计原则

(1)激发兴趣原则。

兴趣是最好的老师,确定有趣的主题是学生对课堂产生兴趣的第一步。光控灯是人们生活中最常见的人工智能现象,在楼道、厕所等公共场所都能见到。笔者以Micro:bit光控灯为主题开展人工智能探究,大大激发了学生的探究兴趣。

(2)项目化学习优势。

项目化学习是目前全世界热点教学模式,它以真实情境为载体制定项目,以项目计划指导实施,整个过程学生以自主探究为主,在合作与竞争中成长,并加以作品制作的创意、创新和创作。项目化学习也打通了不同学科之间的关节,为学生未来解决复杂问题提供了多元思维基础。

2.人工智能项目化课堂教学模型

项目化学习主张将知识与技能置于真实、生动的情境中,学生制订项目计划,以任务驱动方式进行自主和合作探究,活动计划要有可操作性和扩展性,整个实施过程教师应适当加以引导,并提供自主探究的学习支架,最后引导学生进行项目叠加和创新,并进行多方面的交流与评价。人工智能项目化学习课堂教学模型如图2所示。

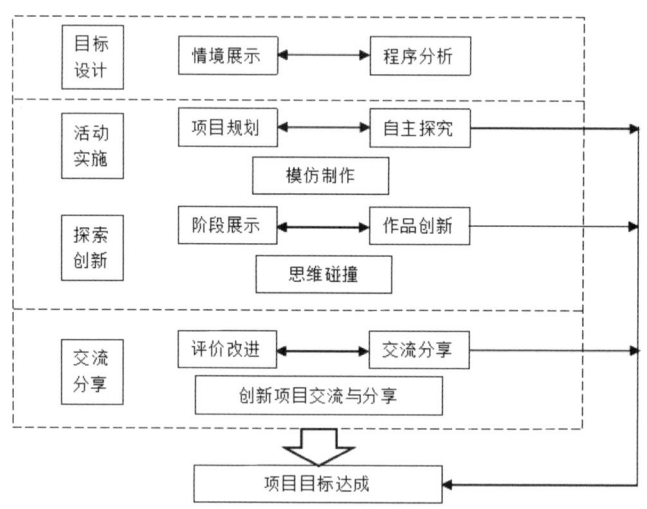

图2 人工智能项目化学习课堂教学模型

三、人工智能课堂项目化教学实践

在传统的《Micro:bit光控灯》一课教学中,教师会更加偏重知识与技能的传授,并通过教师演示、学生模拟制作等来完成光控灯的设计,学生完成任务即认为达到预定的教学目标,最后教师对学生作品进行展示总结。这种灌输式课堂很难让学生产生更深层次的思考,如Micro:bit光控灯实现的原理,实现的步骤及程序扩展声控、声光控等。在整个教学中学生只是编程的工具，很难达到工程化的思维培养。而项目化教学可以很好地克服这个弊端，接下来笔者具体谈谈《Micro:bit光控灯》一课的项目化课堂教学。

1. 项目展示与分析

笔者展示了生活中的光控灯，并引导学生对灯的实现原理进行了初步分析，如光线达到一定值时灯就亮，否则灯灭。基于这种生活现象，笔者又展示了Micro:bit板的光控灯，学生加以知识牵引，明确了本节课的项目设计——Micro:bit光控灯。另外，通过现实中的现象在课堂加以实现，也大大激发了学生的探究兴趣。

2. 项目规划与制作

项目规划是项目化学习的重要环节，也是考查学生是否理解项目设计原理的真实反映。Micro:bit光控灯项目规划主要以程序流程图来表现。在项目的展示与分析环节，学生基本对Micro:bit光控灯的核心部分有了初步的了解，如果能捕捉到光纤的虚拟值，并提炼出灯亮和灯灭的临界值，通过对临界值进行判断，程序1控制将迎刃而解。最终学生基本能完成Micro:bit光控灯的项目规划——程序流程图设计，如图3所示。

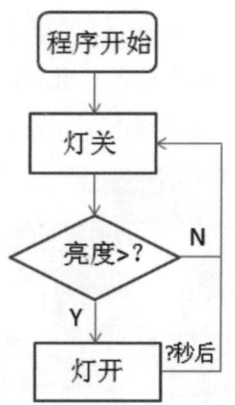

图 3 光控灯程序流程图

项目制作即程序模仿制作，是项目实施的核心环节。学生通过对项目的观看、分析、规划，已经基本掌握了制作项目的方法和步骤。学生在实施项目制作过程中也会产生很多碰撞或创意的火花，这将是创新项目的引子。笔者主要设计了如下几个教学任务。

（1）光的测试。

在生活中，光是看得见但摸不着的，如何用数据来量化，并作为判断光控灯的临界依据，首先要测试光的值。笔者让学生拿出Micro:bit板并连接到计算机，打开网页编辑平台，编辑测试程序并将其下载到Micro:bit板，然后将测试结果填入下表。

现实场景	双手全捂（黑暗）	灯光（强光）	单手捂（稍暗）
光线数值			

学生通过对光线强弱的测试，一方面，了解了传感器，并学会通过传感器感知外界，为其他传感器测试总结经验；另一方面，通过对光线的各种数据测试，总结出光控灯的临界值，为程序控制提供真实的数据支撑。

（2）程序脚本搭建。

脚本搭建是体现学生逻辑思维能力最显性的方法之一，也是学生在完成前期工作后展开的实践性任务。学生可根据已有的知识和经验或通过笔者在易加互动平台设置的微课支架自主完成程序脚本搭建和调试。学生在独立完成任务时，有的程序还是出了些问题。例如：有的学生选择了小于号，从而导致灯亮和灯灭反了；有的学生临界值过小或过大；等等。学生在完成搭建后，笔者都建议学生相互检验，在检验完之后，这些问题也自然就解决了，最后均可搭建出正确的程序脚本，如图4所示。

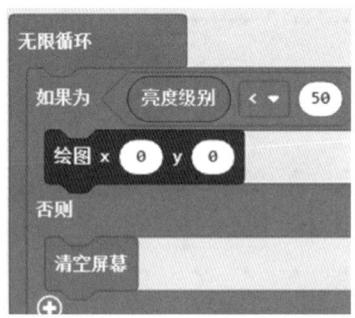

图4 光控灯程序脚本

（3）脚本的下载与调试。

在完成脚本搭建和平台模拟测试后，笔者提醒学生把程序代码下载到Micro:bit板，并进行硬件和真实光环境下的调试。

3. 项目迭代与创新

创新作品可分为两种，一种是在原有基础上对程序进行代码和功能的更新叠加，还有一种是用所学的知识与技能创新出其他的作品。课堂教学中笔者引导学生思考生活中其他的灯控现象，他们多数首先想到了声控灯，笔者顺水推舟让完成的学生设计声控灯。在完成声控灯后，笔者又提出新的问题：是不是还可以设置一个既有声控又有光控的灯呢？学生在明确任务后又立即在小组内进行探讨。庆幸的是学生从让项目的再确定、项目的再计划、项目的再实施等方面都能通过小组合作与交流的形式设计出相应的代码，如图5所示。

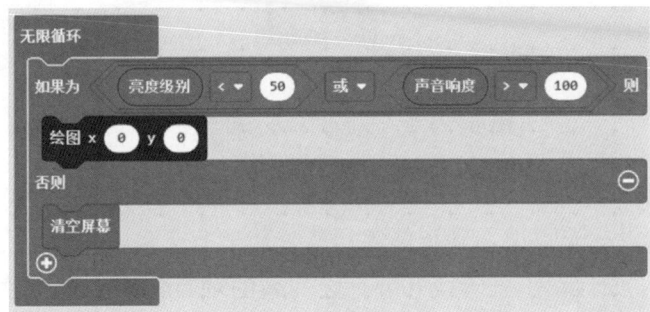

图5 声、光控灯流程图及程序代码

4. 项目交流与分享

项目交流主要采用三种方式：一是小组内的交流，通过交流达到消除知识与技能障碍；二是班级分享交流，选出各小组中一些比较好的作品进行交流与展示，让更多的同学吸取经验，借鉴改进；三是借助易加互动平台，学生在下课前将作业提交到笔者事先创建的易加互动平台，课后可登录并下载查看其他学生的作品，并且可以进行评价、留言等，如图6所示。

图 6 易加平台作品交流与分享

人类进入 21 世纪，人工智能的商业价值在日益凸显，从语音识别到人机对弈，从无人驾驶到意识操控，从人脸识别到智能家居等，无一不说明人工智能已经进入人们的日常生活。未来以来，如何在小学阶段开展行之有效的项目化人工智能教学，仁者见仁，智者见智，但不管什么样的基于人工智能课堂教学模式，只要能有效提高学生的科学兴趣、让学生具备科学家的思维和潜能、有助于学生适应未来生活和发展的都是可实施的。

基于PBL项目式学习的小学VEX机器人教学实践研究

□ 徐佳成*

一、VEX机器人教学研究背景

1. VEX机器人

VEX机器人，是由美国太空总署（NASA）等部门大力支持的机器人项目。VEX机器人大赛每年吸引来自全球50多个国家的数百万青少年参加，是一项世界级的机器人比赛，其目的在于拓展学生对科学、技术、工程和数学等领域的兴趣，培养青少年的问题解决能力、团队协作精神和领导才能。2006年中国科学技术协会将VEX机器人项目引入我国，2019年VEX系列赛事被纳入教育部赛事白名单中，含金量得到进一步认可。

VEX机器人比赛注重学生的实践参与，除了设置冠、亚、季军和一、二等奖外，还在比赛期间进行考察，针对设计精巧的机器人，专门给参赛者设置了"巧思奖"，而答辩优秀的参赛者，专门颁发"评审奖"等。

2. PBL项目式学习

PBL项目式学习是一种以学生为中心的教学方法，通常在学习小组中进行，学生在小组中分工合作、制订计划、交流沟通、积极主动地融入项目和活动中，通过对知识的建构来解决现实中的问题。

教师作为学习的支持者，通过引导来帮助学生更好地学习。项目式学习目的在于培养学生的动手能力、创造能力、团队合作和领导力、计划执行力。

---

* 作者单位：苏州工业园区景城学校

3. VEX机器人教学现状

目前,我国小学阶段的VEX机器人教学依托于学校的社团课或兴趣课来开展,教学内容与VEX赛事紧密结合,VEX机器人比赛的主题和规则每年更新一次。伴随着新赛季的开始,参赛者要设计新的机器人方案,搭建机器人结构、编写操控程序以及制定操作策略等,这一综合性的学习过程具有较大的难度和挑战,对于参赛者具有很好的锻炼意义。

传统的课堂授课模式很难适用于VEX机器人的教学,项目式学习强调学生以团队合作的形式,在问题解决的过程中提升知识和技能。本文作者通过教学实践,尝试探究项目式学习在VEX机器人教学过程中的可行性。

二、小学VEX机器人教学中的基本难题

VEX机器人教学强调学生积极主动地融入学习活动中,在了解新的赛季主题后,系统化地学习比赛规则,制定方案和策略,分工合作,设计搭建方案并执行,通过编程来实现VEX机器人的操作运动,并不断地练习和调试,优化机器人的结构和程序,以达到最佳效果(图1)。教师可以将上述学习过程设立为一个完整的项目,将学习活动分成多个阶段,这一学习过程包含的难题有以下几点。

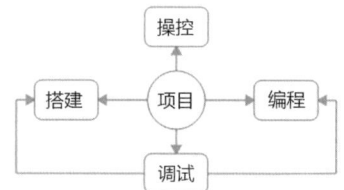

图1 VEX机器人项目分工

1. 制定有效的小组合作策略

VEX机器人学习面对的首要问题是,由于VEX比赛项目的不同,学生的学习基础参差不齐,这会给教师的授课造成一定的困扰。对此,教师需要熟悉学生的学习情况,制定合适且有效的小组合作策略,根据学生的学习特长分配任务,发挥学生的长处,提高合作学习效率。

2. 设计稳定的机器人结构

搭建一台结构稳定、操作灵活的VEX机器人,是获得高分的基础。VEX机器人学习要求学生掌握基本的机器人结构,了解物理原理和机械传动原理,比如运用梁和连接件搭

建机器人的底盘结构，通过轴、齿轮、车轮、电机实现传动功能，运用杠杆原理、齿轮传动原理等设计机械手臂来抓取得分物等。学生在发挥创意的同时，也要将机器人的尺寸限定在比赛规则之内。

3. 编写高效的机器人程序

VEX官方编程软件有easy C和Robot C，这两者需要学生有一定的C语言基础。近年来，随着图形化编程的流行，VEX官方推出了基于图形化编程的VEXcode，软件界面类似scratch，对小学生而言上手更容易一些。学生通过编程实现对车轮和机械手臂的操控，其中，电机的转速、旋转角度和停止方式决定了VEX机器人运转的效率和稳定性，传感器在一定程度上可以简化操控者的控制，这对学生的编程水平提出了较高的要求。

4. 进行操控获取更高得分

VEX机器人教学与比赛紧密结合，比赛中以获得更高得分为目标。学生在模拟练习中，需要规划机器人运行路线，做出精准动作，根据实际情况做出相应决策以获得更高分，这考验了学生的操作能力和灵活应变能力。在正式比赛中，参赛者通常以联队的形式进行比赛，两支队伍同时出发，比赛得分以双方总分来计算，比赛时需要密切沟通，这锻炼了学生的交流能力和团队协作能力。

三、基于项目式学习的小学VEX机器人教学模式探究

本文以2020—2021赛季VEXIQ"拔地而起"小学组比赛为例，进行教学模式探究。本赛季的规则是：场地上摆放了3种颜色、共27个得分"柱塔"，参赛者在一分钟内，操控机器人抓取"柱塔"，并且摆放在得分区，每摆放一个"柱塔"得1分，将同种颜色的3个"柱塔"摆放在一直线上，获得"连横"——3分，在"连横"的基础上，将同种颜色的3个"柱塔"上下三层叠放在一起，获得"堆叠"——30分。

在PBL项目式学习模式下，学生观看视频了解比赛规则，根据比赛特点，讨论小组合作策略，分配具体任务，组内积极沟通交流、调试与改进，形成最终成果并进行展示。如图2所示。

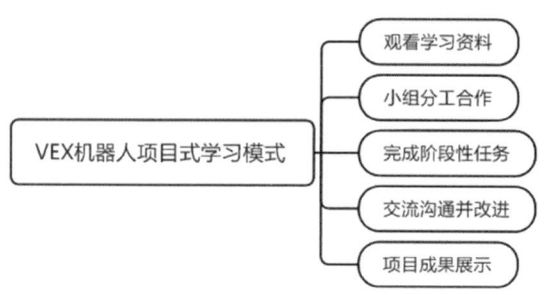

图 2 VEX机器人项目式学习模式

教师针对本赛季的项目，制定教学目标。知识目标：分析VEX机器人的物理结构和传动原理，梳理本赛季机器人所需机械部件和编程语言。技能目标：制定搭建和编程方案，通过小组合作完成VEX机器人的搭建、编程、操作和调试过程。情感态度目标：提高编程能力，培养创新意识和团队合作精神。

1. 制定小组合作方案

学生观看赛季介绍视频，了解比赛规则，结合自身机器人学习情况，选择合适的组员建立小组。VEX机器人比赛通常四人一组，由小组长、搭建手、编程手、操控手组成，由于搭建比较复杂，耗时较长，所以搭建任务由一人主要负责，其他人配合完成。编程具有较高难度，编程与操控调试通常是同时进行的，在编写好基础程序后，组员们要对机器人进行调试，以改进程序。教师作为学习的引导者，要鼓励学生积极思考并适当给予帮助和指导。

2. 完成阶段性任务

学习小组在认真研究赛季规则的基础上，搜集相关资料，小组成员在组内进行头脑风暴，设计机器人的结构，规划需要运用的机器人零件，制作出VEX机器人的概念图和零件清单，并尝试搭建机器人的车身结构。首要搭建的结构是底盘，组员根据规则限定的尺寸和电机数来完成搭建，可以选择双电机控制左右车轮转动，前后车轮的传动可以用齿轮或者链轮，使用万向轮（麦克纳姆轮）来提高车辆的转向灵活性（图3）。

在完成底盘结构的基础上，进行机械手臂的搭建，针对"拔地而起"赛季的规则要求和获得更高得分的目标，设计三层的机械手臂，来抓取并放置三层"柱塔"完成"堆叠"。机械手臂的结构可以通过齿轮来传动，运用平行四边形结构来实现上下移动，增加三角形结构，提高稳定性（图4）。

图 3 VEX机器人底盘车轮结构

图 4 VEX机器人手臂结构

搭建完成后,运用VEXcode软件进行编程,通过对双电机进行编程实现摇杆控制电机转动的功能。为提高机器人转弯的准确性,可在转弯时降低电机的转速。在操作遥控器时,如果停下摇杆操作,由于惯性,VEX机器人还会向前移动一小段距离,容易造成失误,可以设置电机停止来避免这种情况。对机械手臂的电机进行编程,控制机械手臂上下移动,实现"柱塔"的抓取和放置。

将编写完的程序下载到VEX机器人主控器中,进行机器人的调试运行。这一阶段,小组成员们交流讨论,提出机器人运行过程中出现的问题,寻找改进的方法,提高VEX机器人运行的精准度和稳定性。通过编程—调试—改进这样一个不断完善的过程,培养学生的创新意识和团队协作能力。

3. 成果交流与展示

小组在完成VEX机器人的搭建、编程和调试过程后,可以通过模拟比赛来检验学习成果。在小组内部、组与组之间开展比赛,通过计算最终得分来挑选出优秀的设计,进行推广,也可以通过学生投票推选出最佳人气设计,鼓励学生进行自我评价和互相评价。

在充分准备的基础上,小组可以参加正式的VEX机器人比赛,与其他学校的VEX选手们同台竞技,不仅有机会获得好的比赛成绩,同时还能和来自全国各地的机器人爱好者交流经验,锻炼沟通能力和平稳应对各类状况的心态,并在比赛结束后积极反思,总结经验,获得进一步的提升。

本文通过教学实践,对项目式学习在VEX机器人教学中的应用进行了相关论述。项目式学习以学生为中心,以小组为形式,以项目为载体的学习方式,能够激发学生对VEX机器人的学习兴趣,发挥学生的特长和爱好。学生在小组合作、沟通交流、参加比赛的过程中锻炼动手能力、编程能力和团队合作能力，提高了综合素养。基于项目式学习的VEX机器人教学在一定程度上推进了学科融合，拓展了学生在科学、技术、物理、数学等方面的思维，为其更高阶段的学习奠定了良好基础，值得各中小学校予以更多关注。

参考文献

[1]刘宝瑞,秦健.基于STEAM教育的VEX机器人的设计与教育应用[J].中国教育信息化,2019(2):30-34.

[2]卢晓琦,秦健.基于项目式学习(PBL)的VEX机器人比赛选手准备过程模式构建[J].中国教育信息化,2017(17):79-81.

[3]蒙庆华,韦勇宁,程晓琛,等.VEX机器人教学校本课程开发探究[J].中国教育技术装备,2019(7):57-59.

[4]衷国永,李玉红.中学VEX机器人教育的PBL教学模式探索及影响分析[J].现代中小学教育,2017,33(7):70-75.

[5]贺甜甜,秦健,韩恭恩.基于项目式学习的VEX机器人教学模式探究[J].中国教育信息化,2020(2):34-37.

浅析小学信息技术学科各模块知识的学科融合方式

□ 闫 妮*

学科融合既是新课程改革的一个重点研究方向，也是新时代的教育需求。目前，大多数信息技术与学科的融合都是将其作为辅助工具和手段进行的，而以信息技术学科为主导学科的融合却很少。本文阐述了以信息技术作为主导学科进行学科融合的原因，并简要说明了与其他学科融合的维度，最后分析了教材中每个模块的学科融合方式。

一、信息技术学科融合现状

随着信息时代的发展和人工智能时代的到来，知识逐渐向综合化、系统化的方向发展。相应地，教育和课程也要适应时代要求，培养具备综合运用能力和创新能力的学生。在目前的课程改革中，学科融合是一个重点研究方向，其提供了一种全新的思路和视角。

学科融合是指在承认学科差异的基础上不断打破学科边界，促进学科间相互渗透、交叉的活动。从教育的目的和价值诉求来看，学科融合旨在通过多门学科资源的介入，有效地化解问题，更好地达成教学目标，并在问题探究的过程中全面培养和训练学生的学习能力和综合素养。要达到学科融合的价值追求，必须对其本质进行追溯。它不是简单地把一门科目强加于另一科目之中，也不是多个学科间知识、方法的简单堆砌，而是立足于学科的基础知识和共性，围绕一个主导学科展开。主导学科（老师执教学科）是认知的对象和目标，其他学科是方法和手段，这些作为方法和手段的学科充当资源供给和智力支持的功能，目的是让学生更好地学好主导学科，丰富学生的学习资源，拓宽学生的认知视野。

* 作者单位：苏州工业园区景城学校

在中小学阶段，有关学科融合的研究多是围绕信息技术展开，主要指信息技术支持下的多学科融合。其中，信息技术作为一种工具和手段，其目的是营造一种信息化教学环境。即现有的实践研究大多是以其他学科为主导学科，而以信息技术学科作为主导学科的却很少。鉴于这一现象，本文旨在从信息技术学科的角度出发，去探讨与其他学科融合的途径。

二、信息技术学科教学现状及学科融合方式

1. 信息技术学科教学现状

目前信息技术学科教学效果或多或少存在"学而不用，不知所用"情况。究其原因，在于其教学任务往往是围绕知识和技能本身展开，因而导致教材本身存在着较多短板，诸如时代气息不足，过于生硬和无趣，缺少其在学生学习和生活中的应用实例。这些问题在一定程度上直接影响了学生对教材的深入理解，从而导致学生课堂所学知识和技能难以进行迁移，进而技能掌握不牢固，学习兴趣不够强烈。这一现状与当今信息时代的飞速发展背道而驰。

2. 信息技术学科与其他学科的融合方式

从信息技术学科的教学现状看，其问题在于教学任务难以适应学生发展需求。从学科融合的角度看，融合其他学科的目的是方便学生理解和应用技术，避免"学而不用、不知所用"的问题。融合方式可以从两个不同的维度划分。一是教学过程维度，可以在导入、例证的环节融合其他学科知识，也可以将学科融合贯穿整个教学过程；二是学科维度，包括语言类、计算类、艺术类、探究类等学科的融合，语言类包括语文、英语，计算类指数学，艺术类包括音乐、美术，探究类包括科学和综合实践。

纵观苏科版小学信息技术教材会发现，信息技术知识按模块划分为信息技术基础、画图、网络基础、WPS文字、WPS演示、Scratch、3D创意设计、机器人、物联网、人工智能等。每个模块的知识都具备一定的特征，根据其特征教学活动的选择和设计应有所区别。因此，以上两个维度的融合在不同知识模块中的应用是有所侧重的。

三、小学信息技术学科各模块知识的学科融合方式

通过以上的阐述，从学科融合的视角去处理教材，不仅可以加深对本学科知识的掌握和问题的解决，同时也可对其他学科知识起到复习和巩固的作用。以下将从小学信息技术学科的知识模块出发，简单举例说明如何开展学科融合。

1. 信息技术基础和网络基础知识

信息技术基础模块需要学科融合的知识主要是打字部分。为了让学生真正地了解和认识键盘，需要从语文、英语、数学学科出发，对键盘进行划分，让学生明白汉字、英文、数字还有符号等分布在哪个区域，如何能快速找到并输入字符。如果按照三年级信息技术教材中的键盘划分方式，学生往往一头雾水，不知如何下手。如果从语数英学科出发，让学生输入一句中文、一句英文、一道计算题，学生会跟随问题去想怎么输入，从而掌握中英文切换、数字和标点等知识。

网络基础知识涉及网络信息浏览、网络信息下载、网络安全、电子邮箱和网络空间等部分。其中信息浏览和下载可以围绕科学课上的主题活动展开，让学生搜集关于某知识的信息，从而理解信搜索的作用、方法。网络安全可以与道德与法治课程中的有关文明上网和安全上网的主题开展，用信息技术的知识去支撑论点，也能够帮助学生从技术和道德两个角度去理解网络安全。电子邮箱和网络控件是为了方便交流和共享，因此可以围绕综合实践课程的主题开展，让学生在一个网络空间内就某个问题发表自己的言论，从而理解网络空间的用途和注意事项。

2. 画图

画图模块主要是为了培养学生画图的兴趣，换句话说，是一种学生表达的工具，其中会表征和承载很多信息。因此，画图教学不能以技能掌握为目标，要重表达。说到学科融合，与画图最密切的学科当属美术，但是以信息技术学科为主导的融合，开始的几节课需要对任务进行处理，必然要包含画图软件的使用技巧，后面可以是主题活动，让学生去进行表达。此外，还可以和科学融合，如"看云识天气"、"认识树叶"这些内容建立联系，可以作为课堂任务让学生去画出来，如此可达到一举两得的效果。

3. WPS文字和WPS演示

这两部分主要是信息的加工和表达，借助于多种媒体，实现图文并茂的效果。文字部分包含的知识有文字、图片、表格、版面等。其中文字的输入与打字部分相关，但更强调文字处理，这里可以与语文中语病句修改结合，让学生掌握文字的删除、复制、粘贴等知识，也明确其用途。图片和版面部分可以与班级小报结合，让学生理解图文混排、主题鲜明等制作要点。表格部分可以与科学或综合实践融合，用于数据的收集和对比分析，体现数据的表达与分析。

演示部分包括多媒体文件的运用、动画效果和超链接的设置等知识。多媒体的运用可以跟很多学科融合，围绕一个主题呈现多种表达形式，可以帮助学生融会贯通。动画效果可以与语文学科的古诗、故事类任务，或者数学学科的排列知识、重量知识等相结合，成果是小动画，用于表现出古诗和故事情景、排列和重量的表示方法等。超链接可以是竞赛类题目，如语文的故事竞答，用于判断对错和选择题目。

4. Scratch

Scratch是一款儿童化编程软件，用于培养孩子的逻辑思维能力。该部分作品主要分动画和游戏两类，其中包含大量的数学知识，涉及声音效果，还需要用到音乐中的乐理知识。因此，本部分主要是与数学和音乐学科的融合，其中坐标、多边形、程序结构等用到很多计算相关的知识和数学思维，因此这部分的融合体现得更为直接；与音乐学科的融合则体现在艺术性，将动作和声音协调配合，实现优美的视听效果。

5. 3D创意设计

3D设计是一款建模软件，其中有关点、面、体等涉及平面和空间几何的很多知识，可以锻炼孩子的空间思维能力。因此，本部分的融合直接体现在数学学科上，但是却不局限。因为3D建模的产品需要具有适用性，不是盲目创作的，所以可以与科学、美术等学科融合，将任务落到实处，发挥3D建模和3D打印的价值。

6. 机器人、物联网、人工智能

近年来，这些技术发展迅猛，教育部分已经在中小学阶段部署实施普及工作。该部分重在让孩子了解当今信息技术发展的现状，并初步体验和制作一些作品。由于本部分内容设计到很多传感和电路等的知识，目前，在小学阶段还无法与其他学科知识直接融合，但是可以通过项目式学习有效将多学科知识融入制作项目实施过程中。

正是在实践中发现了问题，才感受到了信息技术学科与其他学科融合的必要性。这样的融合一方面可以减轻孩子的压力，让其做起任务来更加得心应手；另一方面还可以激发学生的学习动力，助其更好地掌握和理解技能。但是在实际操作中，我们还需要时刻明确融合的目的是什么，牢记不能是为了融合而融合。

参考文献

[1]杨哲.中小学教师信息技术与教学深度融合现状调查研究[J].教学与管理(理论版)，2015(10)：26-29.

[2]陆启咸.学科融合不是简单的跨学科教育[J].教学与管理，2016(32)：22-23.

[3]何克抗.如何实现信息技术与教育的"深度融合"[J].课程·教材·教法，2014，34(2)：58-62，67.

为孩子的好奇世界撑起一朵"小伞花"

——基于STEM理念下的幼儿园小班"雨伞"项目课程初探

□ 周艺茜*

STEM教学理念源于美国，目的是培养幼儿的科学素养、技术素养、工程素养和数学素养。通过跨学科式问题探究方式来提高孩子的合作、创新能力，有助于培养幼儿的未来核心竞争力。本文基于STEM理念下的幼儿园小班"雨伞"项目课程，试初探其对幼儿成长的影响。

一、项目课程，源起生活点滴

一次，有个孩子入园忘记穿雨衣、带雨伞，门卫值班教师撑着一把彩虹伞将孩子送进校园。孩子告诉笔者他觉得这一举动十分温暖，并对雨伞产生了别样的情感。于是笔者和孩子们分享了故事《下雨的时候》，他们为小兔子的善良、聪明及动物朋友共撑雨伞的友谊深深感动。接着在聊天时，我发现孩子们对像伞的植物（如灵芝、蘑菇、西蓝花等）产生了浓厚的兴趣，于是，我们的STEM雨伞项目活动产生了。

二、初生牛犊，全情获取知识

"雨伞是谁发明的？""我的雨伞是红色的。""伞有粗粗的伞柄，里面细细的是伞骨头。"大家你一言我一语地交流着，在轻松的聊天中笔者引导孩子们观察雨伞的种类、外观、花样，探索伞的特性，为孩子们营造了一个敢说、想说、愿意说和会倾听的氛围。我们在教学方式上进行了改变，重视理论和现实生活的结合，通过引导，孩子们大胆表达，乐

---

* 作者单位：苏州市吴中区城南实验幼儿园

意分享自己的想法。

我们的问题：如何引导幼儿发现雨伞的特征？用什么方法可以又快又好地打开一把雨伞，关上一把雨伞？

我们的实践：如何抓住观察契机，用多种形式去解读自己的发现，掌握雨伞的使用方法？

预设活动：怎样结合自己的观察经验进行丰富多彩的项目活动？降落伞投放的时候伞绳长短有什么影响？如何能把扭扭棒固定起来？如何让我们的伞转起来？

我们的思考：如何发挥孩子的主体地位，投入地进行玩创活动？

为了解决这些疑惑，笔者带着孩子们进行了头脑风暴，猜测和比较他们带过来的几种不同的雨伞，同时带着他们了解雨伞发明的小故事，认识降落伞等充分激发了孩子的参与热情，实现驱动教学。笔者还发动了家长，通过家园互动来整合教学资源。如请爸爸妈妈一同上网搜集有关雨伞发明的故事，了解古代雨伞的制作流程，通过实物看一看、摸一摸、讲一讲，带着孩子走近博物馆等来认识、比较各个时代不同的伞。在开展项目课程过程中，我们给予了幼儿一个非常自由、自主、愉悦的空间，鼓励幼儿主动参与。从查找资料、主动发问、参与环境创设等都能看到教师和幼儿忙碌的身影，幼儿与教师成了活动的主体，全情共享活动的乐趣。

三、资源整合，实现"不可思议"

STEM理念中提及"教学应当重视由感知体验过渡到重视思维发展，这是可以弥补传统教学的不足"。对于雨伞这一项目，幼儿园一般会开展一些涂鸦、绘画等活动，但是孩子们获得的存在感和成就感并不高。所以笔者鼓励孩子多关注雨伞的骨架，请他们来数一数、摸一摸雨伞的结构，并且对"蜘蛛"形状的伞骨进行实物写生活动；再通过科学游戏《降落伞》，体育活动《雨伞投篮》，工程小设计《软材料之扭扭棒制伞骨》《我理想中的雨伞》等，合理运用生活中跨学科的资源，保证我们的项目活动能够自然生成、环环相扣，全面提高项目活动的趣味性和挑战性。孩子们自由组合，尝试绘画自己的设计图。再请孩子们根据设计图思考美工区可以选择的材料，以及什么材料更适合。这样的项目教学活动真实激发了小班孩子的探索兴趣和动手能力，他们并没有因为困难而退缩，反而反复尝试，笔者为他们所表现出来的勇气和耐挫力而震撼！STEM理念在幼儿园的活动中得到合理应用，让我们的孩子通过细心观察、自我实践，掌握了科学、数学、工程、技术和艺术的奥秘,那一把把歪歪扭扭但逼真的小雨伞模型则是他们勇于创造的成果。

四、有效回应,促进生成价值

当我们以倾听者的身份倾听幼儿的独白对话,让其在轻松、活跃的心理状态下,自由发表疑问和观点,并且针对孩子的每一个行为,做到切实有效回应,或者不敷衍地表达教师的疑惑并与之共同探究时,教师则能更好地走进幼儿的好奇世界。

幼儿是有独特个性的鲜活生命,他们的好奇世界是一个亦真亦幻的奇妙世界。他们有自己的兴趣、爱好,有自己的奇思妙想,教师要引导幼儿,让幼儿参与生活、体验生活、表达生活。教师要尽量创造条件让幼儿参与探究活动,体验发现的乐趣,在与同伴、教师、环境的互动中实现个性化发展。

教师要激发幼儿的潜能。如以鼓励、反问、建议的方式,引导幼儿继续探究,促进幼儿自主解决认知冲突。

作为教师,笔者不得不叹服孩子们神奇的想象力和发现创意、动手实践的能力,很多课程并不一定要教师去设计,可以根据孩子的发现而生成,这样才更贴近生活,贴近孩子的内心。孩子自发的舞蹈比固定方法进行得更好,将"清明时节雨纷纷"的传统元素融入孩子涂鸦的雨伞,生成区域舞蹈表演,会带给幼儿更多愉悦感和满足感。确实,如陶行知老先生说的,我们要把他们的头脑从固有的成见、曲解和幻想中解放出来,给孩子们动手的机会,说话的权利,提问的可能,让他们多看一些有关雨伞或者科学发明的书籍,自己去阅读、学习、消化所学的知识、本领和经验。有时孩子可能会遇到问题,别轻易告诉他们结果、答案,这就是他们走进科学的大门,教师在门口拉着孩子走,不一定能得到孩子的真正理解和信任。教、学、做是一件事,并不应该是三件分开的事。教师应和孩子一起亲历探究每一个细节,让他们和雨伞一起玩,一起成长。

五、关注细节,激发无限精彩

一把小小的伞花,能量是如此巨大,它召唤着31个孩子的心,培养了孩子们对真善美的感受能力和艺术的创造能力。项目课程留给我太多思考。

在这大千世界,每一件物、每一件事、每一个人,只要我们时时刻刻做有心人,帮助孩子拨开眼前的迷雾,引导他们用心看、全面看、客观看、细节看,持之以恒养成细致观察事物的习惯,一定能够点亮孩子智慧的眼眸,吸引他们去发现、观察、探究这个丰富多彩的世界。大自然是孩子学习知识、体验美与生命力的得天独厚的课堂。幼儿拥有强烈探索周围一切的本能,这种生命的冲动会促使幼儿从生活中学习并发展自我。在基于STEM教育理念下的日常生活教学中,引导孩子们在教学中感悟自然,一定可以让我们的教学达到一个新的高度。相信撑起这把"伞",你我将能实现更简单、真实、快乐、有效的共赢教学。

参考文献

[1] 教育部基础教育司.《幼儿园教育指导纲要(试行)》解读[M].南京:江苏凤凰教育出版社,2018.
[2] 江苏省陶行知教育思想研究会.纪念陶行知[M].长沙:湖南教育出版社,1984.
[3] 姜玲,刘佳,李骏扬.带着STEM的梦想飘向远方:"降落伞"主题课程的构架与实践[J].江苏教育(小学教学),2016(11):12-13.
[4] 陈晓娟.幼儿园STEM教育园本化路径的思考与实践[J].早期教育(教育教学),2019(2):17-1.

基于ArcGIS软件的高中地理案例教学实践与研究
——以校园景点参观路线规划设计为例

□ 陈　璇[*]

一、引言

《普通高中地理课程标准（2017年版）》明确要求了解地理信息技术的应用，运用地理信息技术探究有关自然地理、人文地理的问题。地理信息技术是以现代信息技术为基础，发展了传统地理学研究的技术手段，是一种全新的地理研究技术，是现代信息技术与地理科学相结合的时代产物，具有获取、处理、分析和应用地理空间信息的功能。

地理信息系统（geographic information system，GIS）结合地理学、地图学、遥感和计算机学科，在计算机软、硬件系统的支持下，可以对整个或部分地球表层（包括大气层）空间中有关地理分布数据进行采集、存储、管理、运算、分析、显示，目前广泛应用于城市规划、交通运输等领域，将GIS技术融合到中学地理课堂教学对于学生的区域认知、综合思维、地理实践力等学科素养的培养具有一定的辅助意义。

目前，GIS技术融合中学地理课堂教学的理论研究较为成熟，实践应用研究相对比较薄弱，本文以乡土地理区域环境为课程资源，尝试运用项目式教学，以学生小组协同的学习模式，基于ArcGIS软件设计了校园景点参观路线规划设计案例学习项目，引导学生建立学习共同体，在分析问题、解决问题的过程中提高学生对地理信息采集、分析、处理、和应用的能力。

---

[*] 作者单位：江苏省木渎高级中学

二、ArcGIS软件辅助下的教学设计过程初探

1. 前期准备

根据《普通高中地理课程标准（2017年版）》，"1.12 运用地理信息技术，探究有关自然地理的问题"和"2.11 运用地理信息技术，探究有关人文地理的问题"，本课基于校园环境，利用GIS中路径分析功能，进行校园景点参观路线规划设计，根据设置的校园景点顺序，求取符合要求的最佳参观路线。

对学生进行分组，6个人一组，共分为8组，综合考虑校园特色、参观体验、道路距离等因素，分组讨论外来人员参观校园最佳路线要求，最终综合8组讨论结果选定校园景点参观路线要求为：①参观到所有景点；②参观路线距离最短；③路线起点从正大门开始。根据所设定的最佳游览路线要求需要获取以下数据：①校园道路数据；②校园景点位置信息（经纬度坐标）。

2、数据获取

（1）校园景点位置信息。

分小组收集木渎高级中学校园内景点经纬度坐标信息，整理成Excel表格，保存格式为"Excel 97-2003 工作簿"，以便后续与ArcGIS软件建立连接。整理结果见表1。

启动ArcGIS软件，在ArcMap中，加载校园景点坐标表格数据，右击表格数据，选择"Display XY Data"，设置相关参数，并设置坐标系为"GCS_WGS_1984坐标系"，建立表格与ArcGIS软件的表连接。

由于该图层还不是ArcGIS存储地理要素的标准格式（Shapefile文件类型），需将数据重新导出并保存为Shapefile文件类型。右击刚导入的点数据图层，选择"Data"→"Export Data"命令，将校园内景点位置数据输出保存。

表1 校园景点位置信息

景点名称	经度	纬度
校训	120.49	31.27
校史馆	120.49	31.27
卧云书院	120.49	31.27
学范亭	120.49	31.27
弘戈堂	120.49	31.27
上善若水	120.49	31.27
图书馆	120.49	31.27
体育馆	120.49	31.27

续表

景点名称	经度	纬度
学术交流中心	120.49	31.27
义田	120.49	31.27
高隐湖	120.49	31.27
生物示范基地	120.49	31.28
培东示范基地	120.49	31.28
先天下之忧而忧，后天下之乐而乐	120.49	31.27

（2）校园矢量数据。

分析校园景点最佳游览路线需要校园的道路数据参与计算，为了最终生成木渎高级中学校园景点游览路线专题地图，首先引导学生通过纸质地图、电子地图、实地考察等方式了解校园的景点位置和景观布局，让学生对于校园布局及景点位置有个初步的宏观了解。再带领学生从地图资源网站上下载校园遥感地图，本次选择的底图是高德地图，确定其坐标系为WGS84，同时在区域内均匀地选取16个控制点，对木渎高级中学遥感地图进行坐标配准和几何校正，在此基础上矢量化的数据具有地理空间坐标信息，能够切实解决空间问题。

①影像配准与定义坐标系。在ArcMap中，加载进木渎高级中学遥感影像图，全局显示，并加载进"Georeferencing"工具条。单击工具条中"Add Control Point"按钮，输入控制点的经纬度坐标，相同的方法，将16个控制点逐一添加进来。单击工具条中"View Link Table"，在二阶多项式变化下，检查RMS（均方差），将偏差较大的控制点删除，调整控制点，均方差精度控制在0.5以内（可根据实际需求而定）。单击工具条下拉菜单中"Recity"工具，完成配准，并将配准好的底图以tif格式导出。

将"木渎高级中学.tif"数据导入ArcMap中，打开ArcToolbox工具箱，调用"Define Projection"工具，定义底图坐标系为"GCS_WGS_1984"坐标系，并对定义好的底图进行投影坐标转换。

②矢量化。基于已配准好的木渎高级中学遥感地图，对校园建筑、道路、绿化、河流等要素进行矢量化，为最终不同图层叠加获取校园景点最佳游览路线专题地图做准备。所需要获取数据中包括点图层（校园景点）、线图层（河流、道路）、面图层（建筑物、绿化、湖泊）。

在ArcCatalog中，选择数据存储路径，新建的矢量数据文件，右击存储路径，在下拉菜单中选择"New"→"Shapefile"命令，输入相应的名称（如建筑物）、确定要素类型（如面要素polygon）和坐标系统（GCS_WGS_1984）。根据需要共建立7个面状要素图层，分别为建筑物、湖泊、操场、看台、篮球场、足球场、绿化，2个线状图层，分别为道路、河流，并导入获取的校园景点位置数据。

将新建的Shapefile文件加载到ArcMap中，加载"Editor"工具条，单击工具条Editor下拉菜单"Start Editing"，使文件处于编辑状态，单击"Create Features"，选择要绘制的图层要素，绘制相应要素，双击结束，利用"Editor"工具条中工具调整各要素形状和大小，逐一绘制完成各要素图层。

（3）数据存储。

为了后续有序管理数据，方便查询调用，新建地理数据库用于存储数据，在ArcCatalog中，选择数据存储路径，右击存储路径，在下拉菜单中选择"New"→"File Geodatabase"命令，新建文件地理数据库，并命名为"MDZX"，右键单击"MDZX"，选择"New"→"Feature Dataset"命令，并命名为"Data"，设置为"GCS_WGS_1984"坐标系，右击选择"Import"，将已编辑好的数据导入数据库保存，便于后续查询、调用。

3. 路径分析

（1）道路数据处理。

校园景点参观最佳路线需选取所经景点距离最短的路线，需对道路数据进行进一步打断处理。打开ArcToolbox工具箱，选择"Data Management Tools"→"Features"→"Split Line At Vertices"命令，设置输入要素和输出路线，将道路线在折点处打断。加载"Editor"工具条，在"Editor"下拉列表中选择"More Editing Tools"→"Advanced Editing"命令，加载高级编辑工具，选择"Planarize Lines"，进一步将道路线打断，保证所有道路数据完全被打断处理，单击"Stop Editing"，保存处理后的道路数据。

（2）建立网络数据集。

在主菜单中，选择"Customize"→"Extensions"命令，将"Network Analyst"扩展模块勾上，添加网络分析工具，保证空间分析工具能够正常调用。

在ArcCatalog中，找到存储数据的数据集"Data"，右键单击数据集"Data"，选择"New"→"Network Dataset"命令，新建网络数据集，设置相应名称，将打断后的道路数据选择为参与要素，将道路距离设置为网络数据集的计算成本，完成网络数据集的建立。

（3）最佳路线查询。

在ArcMap中，将校园景点图层数据及木渎高级中学建筑物、道路、河流、湖泊、绿化等图层数据加载进来，右击ArcGIS主菜单空白处，选择"Network Analyst"，添加"Network Analyst"工具条。

在"Network Analyst"工具条中选择"Network Analyst"→"New Route"命令，新建一条路径，在左侧内容列表中会出现一个新的"Route"图层，这就是我们即将创建的最佳路径图层，接下来我们给这个图层设置相关参数，使其符合最佳路线最终的要求。

打开"Network Analyst Window"，将校园景点设置为路线中的停留点，并根据自己需求调整景点的游览顺序，右击"Stops"，选择"Load Locations"，在弹出的对话框中，设置加载图层为"校园景点"，即将校园景点设置为该路线中的停靠点。停靠点按照顺序编号，第一个停靠点作为出发点，最后一个停靠点作为目的地，不同小组可以设定不同的游览顺序。例如，我们将景点游览顺序设置为"校训—校史馆—弘戈堂—上善若水—图书馆—学术交流中心—体育馆—高隐湖—义田—生物示范基地—培东示范基地—先天下之忧而忧，后天下之乐而乐—卧云书院—学范亭"。

对已定位的景点进行路线规划，根据设定的景点游览顺序求解距离最短的参观路线。在"Network Analyst"工具条中，选择"Solve"，得到的最佳路线结果会呈现至显示窗口中。

在"Stops"列表中，拖动各个位置点，可以设置各个旅游景点的游览顺序，如果希望从校门口开始，从右侧开始按顺序游览，那么根据标号的数字顺序调整各个景点的位置，再进行求解操作，得到一条最佳路线结果。

4. 成果展示

在ArcMap中，将"数据视图Data View"切换为"布局视图Layout View"，在"布局视图Layout View"空白处，右击菜单栏，添加"Layout"工具条，选择"Change Layout"，选择要输出地图的大小，并在菜单栏中选择"Insert"，依次添加指北针、图例、比例尺等要素，根据需要调整各要素布局，达到自己要求后即可在菜单栏中选择"File"→"Export Map"命令，输出木渎高级中学校园景点最佳参观路线专题地图。

根据每组选定的景点游览顺序，结合生成的专题地图，小组讨论书写导游词，并派代表上台说明选定路线的理由，进行模拟导游展示，投票选定最优一组。

三、教学反思

通过本次课的学习，学生对于GIS技术信息管理、空间分析、数据显示功能有了较好的理解，在校园景点参观路线的规划设计过程中，学生"空间思维""地理实践力""综合思维"也有了明显的提升,能够从地理视角出发,综合考虑各要素来解决问题。

GIS融合中学地理课堂教学有较好的辅助作用,但是需要教师熟悉ArcGIS软件的常用操作,在课前也需要投入较多时间设计案例,搜集数据及处理数据,对一线任课教师要求较高,有一定操作难度。

参考文献

[1] 中华人民共和国教育部. 普通高中地理课程标准(2017年版)[M]. 北京:人民教育出版社,2018.

[2] 汤国安,赵牡丹,杨昕等. 地理信息系统[M]. 2版. 北京:科学出版社,2019.

智慧环境支持下小学数学个性化学习探究

□ 苏 伟*

随着科学技术的快速发展，各类人工智能技术的广泛应用，不但对我们的日常生活习惯和方式产生了巨大影响，而且对我们的教育理念和方法带来了巨大变革。当下的学生，可以说是"数字土著"新一代，他们身处各类智能技术无所不在的信息世界，学习环境和学习方式呈现数字化、智能化，思维模式业已发生根本性改变。这些"数字土著"可以熟练使用各类智慧终端，随之产生了个性化学习的强烈需求。智能时代的到来为教育改革提供了新的工具、手段和多样化的途径，具备了学生个性化学习的现实基础。传统的课堂学习环境引入"互联网＋信息技术"智能软硬件设备，创设信息化、数字化、智能化的新课堂环境，使得教育教学变得更加丰富多样化。智慧环境支持下的小学数学如何实现学生个性化学习，全面塑造和发展学生个性化学习能力，这是当前面临的问题。笔者就此，对智慧环境支持下小学数学个性化学习作了些微探。

一、制定个性化教学目标

数学课程致力于实现义务教育阶段的培养目标，面向全体学生，适应学生个性发展的需要，使得人人都能获得良好的数学教育，不同的人在数学上得到不同的发展。在教学过程中，教学目标是教学活动的出发点、落脚点，是使学生发生何种变化的明确表述。教师教学要围绕实现教学目标，研习数学文本，合理把握教材，综合运用智能化设备接收、

---

* 作者单位：江苏省苏州市相城区元和小学

搜集、分析学生个性化信息和个性化需求，结合学生的个体差异设定个性化教学目标和学习目标。

例如，在进行"100以内加减法"的教学时，教师可以通过智能技术向学生展示教学的目标，让学生明确含进位的加法如何计算，不含进位的加法如何计算，含退位的减法如何计算，不含退位的减法如何计算，等等。教师通过网络技术向学生展示学习目标，并引导学生自主学习、探究，从而培养学生自主学习能力。我们还能利用智慧环境结合学生长期表现生成学生成长档案，制定远期教学目标，以此为导向在教学活动中实施学生的个性化辅导等。

二、设计个性化教学内容

毕达哥拉斯学派认为数即万物，万物皆数。万物按照一定的数量比例而构成和谐的秩序。数学学习要求我们用数学观察世界，用数学描述世界。犹如世界上没有完全相同的两片树叶，每一个学生都是独立的个体，具有差异性。单一的教学内容难以满足学生个性化学习和成长的要求。在智慧环境下，教师运用先进的智能工具和技术，设计个性化学习内容，让学生拥有个性化学习机会。

例如，在"分数四则混合运算"练习中，教师可以整合共享资源，设置低、中、高三类题目，分组发给不同学生，开展分层练习。在计算教学中，经常发现学生有"计算能力差"和"运算法则不清"两类问题，针对这两类问题，教师可以利用网络技术制定分层教学目标和内容，将不同类型的题目分组推送给学生，让不同学生在教学实践中获得个性化发展的机会。在"平移和旋转"教学中，设计游戏活动，如拟小猴子"跳跳"如何在格子图平移馆智获香蕉。

在智慧环境下，教师使用先进的信息技术和工具，创设协作交流和意义建构的学习环境，将抽象的数学知识点转化为学生生活中熟悉的且具有故事化、趣味化、生活化特点的教学内容，利用智能技术、网络技术等优势实现定向推送，让不同的学生能够自主个性化学习，使得学生能够充分发挥自身主观能动性，享受到知识学习的获得感及丰富的情感体验。

三、形成个性化学习方式

随着新时代发展，很多学校为实现智慧环境支持下的教学革新，先后建设信息化培训平台、资源分享平台等。这不仅推动教师专业化发展，同时也为学生搭建了自主学习的空间。顺应个性化教学要求，教师结合学生的学习需求和自身需求，整合微课和课件资源,制作微课视频或利用现有公共资源二次创作微课视频。智慧环境下的小学数学课堂既能满足学生的个性化学习需求,又能促进教学的减负增效,改变教与学的方式。

例如,在学习"统计与概率"相关知识时,教师可以利用智慧学习相关技术为学生制定即时统计任务单,如统计班内学生的兴趣爱好、每天阅读时间或者运动时间等。学生在进行统计时,可以直接通过终端平台进行记录、分析,很快能得出结论,从而提高教师的教学效率和学生的学习成效。

又如,教学"圆的周长"时,可以使用"几何画板"智能工具,将不同圆的直径输入智能终端,帮助学生快速运算圆周长,形成相应统计表格,有效引导学生思考圆的周长与直径之间的关联,以此引进常量 π 的学习。学习的过程中,鼓励每个学生充分地"活动"起来,在人人动手操作实验,人人都会解决问题的要求下,让学生在相同的时间内,多感官接收信息的刺激,通过最适合自己的学习方式达到相同的学习目标,使不同层次、不同性格的学生得到最大限度的收获和发展,全面提高教学效率,实现个性化学习目标。

四、提供个性化学习交流

新课程指出教学活动是师生积极参与、交往互动、共同发展的过程。数学教学要加强师生和生生之间的互动性,保证彼此在互动环节中交流思想和碰撞理念,激起智慧和思维的火花,有效解决多元化的数学问题。智慧教育具有深度的融合性,教师可以利用智能平台营造多姿多彩的学习环境,设计游戏化抢答活动等来调动课堂氛围。

例如,在教学"倒数的认识"时,可以利用希沃白板等软件制作闯关游戏。学生点击到指定的倒数,进入下一关;点击不到指定的倒数,可以交换学生。闯关结束后,献上掌声、鲜花。学生都能在屏幕上展示自己的学习过程,动手又动脑,立体化互动交流,学生享受到了成功的喜悦,课堂效率也得到提高。

又如"认识长方体"的教学中,学生先观察实物,再使用电子白板抽象出长方体的立体图形。学生通过动手操作来体验知识的生成过程,可以激发学生的探究兴趣。直观演示可使学生获得概念突破,教师鼓励学生进行个性化的互动反馈,不仅可以减轻教师和学生的负担,还能够助力学生勤思考、多交流。

五、实施个性化教学评价

学习评价的主要目的是全面了解学生数学学习的过程和结果,激励学生学习和改进教师教学。新课程要求小学数学个性化教学不仅体现在教学当中,还要建立目标多元、方法多样的评价体系。

例如，有一款智能教学软件"班级优化大师"，就可以对数学课上的学生的表现、知识掌握、习惯养成、小组合作等进行多元化评价和及时反馈。在教学评价方面坚持个性化评价原则，"班级优化大师"可以进行自定义评价，实施全方位、全过程评价，关注学习过程、学习结果和学习能力，捕捉学生闪光点。

在教师评价环节，借助智能系统实施个性化评价，研究报表自动生成，学习成果生动体现，可以有效激发学生个性化学习动力，促使学生不断进步、超越自我。学生在课堂的每一次的及时评价，为设置多层次教学、个性化学习提供了依据。关注学习活动中的情感态度，让学生收获进步和成功体验，可以帮助学生进一步认识自我、建立信心，享受学习带来的乐趣。

总之，随着新课改要求的不断纵深发展，以及现代教育技术的不断进步，智慧环境支持下的小学数学课堂也呈现出崭新的面貌，课堂更加趋向于开放性和自主性发展，课堂的教学也更加的丰富多样。教师就必须要充分地发挥自身的教学智慧，创新教学方法，推动学生个性化智慧学习习惯的养成，不断提高教学质量。

参考文献

[1] 熊旭东. 智慧教育环境下小学生个性化学习研究[J]. 科教导刊·电子版, 2019(4): 9.

教学多媒体作品界面设计研究

□ 陶晓双*

一、引言

多媒体技术所支撑的教学多媒体作品丰富多彩、功能强大，使得课堂教学比传统的教学模式显得丰富而更有活力。教师在制作多媒体课件时，不仅要求能完成教学内容和目标，还要从学生的认知和接受水平出发，制作出符合学生年龄阶段认知发展水平的课件。在教学多媒体课件的制作中最重要的是界面的设计，好的界面，能使人心情愉悦，给人以美的享受，更重要的是它能够激发学生的学习兴趣，提高学生的学习效率。

二、教学多媒体作品界面设计的重要性

1. 多媒体课件界面的作用

多媒体课件是一款集文字、声音、图像、动画、视频等于一体的教学软件，它能够充分调动学生的各种感官，克服仅仅依靠单一感官来进行学习的局限性。多媒体课件具有极强的交互性和趣味性，能够激起学生的学习兴趣，提高学生的学习效率。

2. 多媒体课件界面的局限性

对于任何事物来讲，其存在有益的一面，也就必然存在有弊的一面。正如上文所说，多媒体课件是将文字、声音、图像、动画、视频融为一体的教学软件。如果在进行界面设计时，不能够充分理解和把握每一种媒体的功能特点及使用的注意事项，很容易使学生被五

---

* 作者单位：昆山市千灯中心小学校

花八门的多媒体信息淹没,从而造成学生注意力分散、抓不住重点,而且很容易使学生感到疲劳,导致教学质量下降。因此,在进行设计界面前,我们要充分理解某一种媒体的使用方法、功能特点及注意事项;同时,也要注意把握整体界面的一致性和协调性,避免增加学生的视觉负担,这样才能够取得较为理想的教学效果。

3. 多媒体课件界面研究的紧迫性

在我国的各级各类学校的教学活动中,任课教师所制作的多媒体课件在教学内容方面设计得比较好,充分而翔实。但是在外观方面即界面设计上却往往不尽人意,仅仅是辅助完成课堂教学内容的讲解,没有充分发挥多媒体课件的有效作用。因此,加强多媒体课件的界面设计研究还是比较迫切的。

三、当前教学多媒体作品界面设计的现状

1. 调查方法

(1)调查的设计。

根据教学多媒体作品的特点,很难进行问卷调查。因此,笔者决定采用分析具体案例的形式来总结当前教学多媒体作品界面设计存在的问题。

(2)调查对象的选择。

笔者将以S市X校教师制作的教学多媒体作品、一些对多媒体界面设计有兴趣的爱好者的作品为案例,分析他们的作品在界面设计上存在的不足和值得借鉴的地方。

2. S市X校多媒体课件界面设计现状分析

(1)形式和内容不相吻合,契合度差。

图1　　　　　　　　　　　　图2

如图1所示的是苏轼的《江城子·记梦》，表达的是爱情，而图2所示的《满江红》表达的是爱国情怀，制作人仅仅将名字改了一下，画面风格没有一点变化。其他学校的许多教师的多媒体课件也是这样，他们可能只制作几个多媒体课件的模板，上不同的课程时仅仅将课件中的内容变化一下，基本格式保持不变。这就导致作品的内容与设定界面的风格不一致，二者不能够产生共鸣，此时形式和内容显得不够协调，影响了学习者对内容的领悟。

（2）画面构图较差，视觉感知较差。

图3

图3中有两个结构上的问题：其一，整个布局显得上轻下重，使人感觉画面的中心低，给读者以沉闷感；其二，上面的"拓展延伸"又没居中，显得画面不稳，这是由于制作人对画面的构图形式与视觉感知的理解不深造成的。构图的不同会导致学习者视觉感知的变化，构图很重要，好的构图能减少人的视觉疲劳，避免给读者带来心理压力。

（3）主题不明确。

主题不明确问题的产生主要是由于在一幅画面中出现了好几个"中心点"的现象，例如，在图4中的WPS演示文稿的一个界面中出现了好几个活动的点，这往往会导致学生注意力分散，不知道关注哪一个，从而影响了学习者的学习效率。

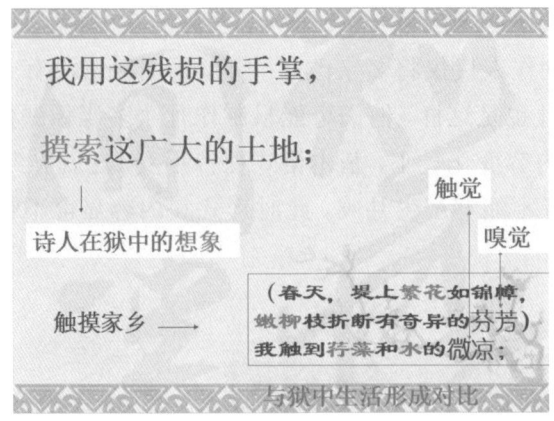

图 4

（4）界面中色彩的运用比较随意，缺乏美感。

很多教师对色彩的理解不够深入，在进行色彩的调和时往往很难把握住分寸，用色不当，比较随意，不能够从整体上去把握整幅画的色调，最后导致色彩乱而杂，很难起到对内容的衍生表达作用，如图 5 所示。

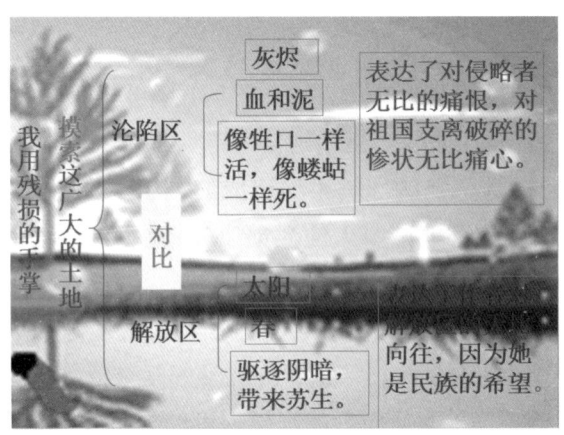

图 5

图 6 存在着层次模糊、混乱的问题；背景色与字体的颜色非常相近，同属于一个深色系或者浅色系，读者想要读明白文章内容很困难，甚至会导致读者根本不愿意去看，极大

地降低了学习效率。

图 6

（5）内容上推动情节发展的"力"比较单一。

还有许多作品在前面几个问题的处理上做得非常好，但在节奏的把握上有所欠缺。由于多媒体课件必须突出教学性与科学性，所以它的节奏有别于一般的艺术作品，即在内容上推动情节发展的"力"应有所不同。在多媒体课件中的"力"是指学生的理解能力和学生的接受能力。这就要求教师要以学生为中心，从内容情节和表现形式两个维度来把握节奏。

四、教学多媒体作品界面设计的原则

1. 界面设计要服从认知层次需求原则

这是我们进行多媒体课件制作的首要目的，因此界面的设计一定要以学生为出发点，以学生的认知发展水平为出发点，以完成教学内容为目标，将两者结合在一起。这是将认知心理学作为理论指导得出来的经验。认知心理学认为，不同年龄段的学习者其认知水平不同，因此在针对不同年龄段的学生设计多媒体课件的界面时，要注意界面风格的变化，要符合所教学生的认知发展水平。

2. 界面设计要服从一致性原则

进行教学多媒体的制作目的是更加生动形象地将知识传达给学生，完成教学目标。因此，进行界面设计时一定要以教学目标为中心，把握教学内容和界面操作方式的一致性。所要展示的信息也要围绕教学目标，切忌所表达的内容涣散，甚至与教学目标无关；尽可能地在完成教学目标的同时，扩大学生的知识面，提高学生欣赏美的能力。同时，作

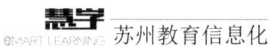

品前后的操作界面的方式呈现也要一致。

3. 界面设计要服从易学易用原则

本着"以人为本"的理念，多媒体课件要易学易用，多媒体课件的受众是学生，好的课件除了能够依据学习理论、教学理论和教学设计理论对课件内容进行设计外，还应当容易操作。过于复杂的课件会使师生花费大量的时间在研究操作上，从而耽搁了正常的教与学。一个内容充实又容易操作的教学多媒体作品才是一个好的多媒体软件。

4. 界面设计要遵从艺术性原则

整个界面中要素的构图、布局要符合艺术美感。在进行多媒体课件的界面设计时，不仅要注重其实用性，也要注重其艺术效果。好的多媒体课件就如一件艺术品，它能够使学生的身心得到愉悦，激发学生的学习欲望，提高学生的学习效率。在课件的制作中，我们要将界面设计与教学过程有机地结合在一起，注重多媒体课件的整体布局，图片的排版，文字的字体和色彩的运用，使得多媒体课件的实用性和艺术性得到充分的发挥和体现，力争制作出一个令人耳目一新的课件。

五、教学多媒体课件的界面设计

1. 多媒体课件界面中文字的设计

文字包括课题文字、标题文字、小节文字、正文文字等。文字的设计要素是字体、字号、色彩、效果。

（1）字体形状与大小。

在实际的应用中，投影仪显示的颜色由于受光线影响明显，比显示器屏幕显示的颜色要淡。因此，我们在对课件的字体进行选择时，要注意与背景有一定的反差，如可以选择楷体、黑体、隶书等实体字或粗体。这样能够使得字体显得更加醒目和清晰，也能够节省阅读时间。同时，字体的大小和风格应当与整体的界面风格保持一致，整体上做到条理分明，易于辨认，还要注意段落间距要设置合理，不要过于狭小，使读者产生视觉疲劳。

（2）文字颜色。

多媒体课件字体颜色的设置要充分考虑到文字颜色与背景色之间的搭配问题。首先，两者绝对不能采用相同的颜色，因为这样会影响辨识度。例如，红与蓝、红与紫、黑与紫、黑与青等几种颜色的搭配会导致字体的能见度变低，所以应当避免使用。同时，要注重色彩对比的运用，其中最重要的是明度对比的运用，例如，浅色文字与深色背景或深色文字与浅色背景的搭配等,使人一目了然,看起来舒畅,怡心,如图7所示。

图 7

2. 多媒体课件界面中色彩的设计

教学多媒体设计的目的是完成特定的教学任务,讲述特定的教学内容。一份好的多媒体课件,应当在课件内容确定的情况下,界面色彩的运用也要力争完美。色彩运用得好能给学生视觉上以美的享受,激发他们的学习兴趣,同时也能增加这份多媒体课件的亲和力和有效性。色彩的特点能够表达客观事物的内涵,对于深化主题、烘托气氛、抒发情感起到独特的作用。

(1)要以教学对象的年龄特征为出发点。

由认知心理学的基本理论可知,不同年龄阶段的学生,其心理特征是不同的,因此这要求我们在对界面进行色彩设计时,应当首先考虑该课件所要授课的教学对象,然后根据教学对象的心理特征去选择合适的色彩来对界面进行美化。如图8所示,因为教育对象是小学生,所以选择的色彩比较花哨,但又不失活泼。强烈的色彩对比更能凸显出小学生的纯真烂漫,符合学生的心理年龄特征。

图 8

（2）色彩的运用要清楚每种颜色代表的含义。

要想使界面的色彩与所要展现的内容相吻合，多媒体课件的制作者要对每种颜色所代表的含义非常了解，这样才能做到心里有数。例如，红色表示喜庆、热情，橙色表示温暖、友好，黄色表示艳丽、单纯，青色表示朝气、信任，白色表示纯洁、神圣，绿色代表生命、和平，蓝色代表恬静等。

（3）要注意运用色彩对比来突出教学的主要内容。

运用冷暖对比来突出教学的主要内容。大自然的各种颜色大体可分为：暖色群，如红、橙、黄；冷色群，如蓝、绿、紫等。课件的界面可以利用色彩的冷暖对比造成冷暖的感觉来加强教学主体与客体的感知效果。

通过色彩的明度对比来突出教学的主要内容。色彩的明度对比，即深浅、明暗的对比，包括一种颜色不同深浅对比和各种颜色之间的深浅对比。如红色中的粉红色明度就比深红色高。以深衬浅，以暗衬明，就是一种色彩明度对比的表现形式。即使明亮的主体在画面上占据的面积较小，但在大面积深色块的衬托下通过强烈对比，也能获得十分突出的效果。

通过色彩的纯度对比来突出教学的主要内容。色彩纯度的对比包括纯色和不纯色、纯色与纯色、不纯色与不纯色的对比。纯度高的颜色鲜艳、明快、跳跃，而纯度低的颜色比较灰浊。课件的界面应该运用色彩的纯度对比来突出、强化教学内容的主体。例如，如果红色和绿色的面积、纯度和明度都一致，那么画面上必然宾主难分，而造成"红配绿丑到哭"的结局。但是，当红色面积缩小，明度、纯度增强；当绿色面积扩大，明度减弱时，"万绿丛中"的"一点红"则变得极其鲜艳夺目，成为表现内容上的主体。

（4）要有度，使画面色彩保持和谐。

计算机色度学根据色调、饱和程度和明度这三个因素来研究色彩的特征和变化。色调、饱和程度和明度决定着色彩的特征。同样一种颜色，如果度发生改变，那么这个颜色给人的感觉也会不一样。同时要注意色彩间的和谐度，和谐色彩的基本特征是具有共同的、互相近似（即在色调、饱和程度和明度上近似）的因素。其中要特别注意对比色的和谐和调和色的和谐。在界面中选择颜色时要把握住度，能够避免由于界面过分花哨而导致视觉疲劳，以及使用效果降低等情况。一般来说，在界面色彩的种类选择上，选择不相邻的色彩一般不超过四到五种。

3. 多媒体课件界面中图形与图像的设计

在计算机软件中，图形是以矢量的方式来表示的，图像是以像素或位图的方式来表示的。图形与图像是界面设计中必不可少的视觉元素。

（1）图形与图像的放置位置要突出主体。

每一幅画面都应当有一个鲜明的主体，因此在对图形和图像的位置进行布置时，应该做到主次分明，在整个平面上主体内容应当占绝大部分位置，而且应当占据屏幕的中心偏上的位置。图形与图像的放置位置应当遵循这个原则，切忌将图像放在主题位置，或者图形或图像的面积过大，抢了想要表达的主体内容的"风头"。因此，要特别注意依据屏幕对象的重要程度进行编排设计，调整位置、大小，应在版面布局条理化的基础上突出主体。

（2）图形、图像与文本的搭配要美观大方。

多媒体作品的两大构成要素是文本和图像。文本主要是用来表述比较抽象的内容，而图像则是比较直观地表达界面想要呈现的内涵。优秀的文本，简单明了，能够将所要授课的内容清晰地表达出来；而优秀的图像能够使读者一目了然，在脑海中形成具体形象的东西。文字与图像的搭配也很关键，两者处理好了，相得益彰，给人以视觉上的美感。

（3）图形、图像的布局要注重平衡性和稳定性。

当课件的界面中包含太多的图形或图像，过分强调对比关系时，容易使画面紊乱，丢失画面的平衡性。因此，在对界面进行图像的安插时，应当注意前后的图形内容跨越度别太大，图形的位置编排要做到呼应，不能够上下跳跃。同时，要注意一个多媒体课件是一个有机整体，同一个作品内，图形与图像的风格变化不能太大，要维持画面的稳定性。

4. 多媒体课件界面中动画的设计

多媒体课件中的动画大致分为两种形式：一种是画面与画面之间的切换关系，如淡进淡出、实进虚出等；另一种是画面内的形象元素须根据需要进行移动，如物理课件中的力学原理演示、多行文字的逐行显示等。动画运用得好，会使学生的注意力始终跟随着教学的进程。动画运用得不好，则会导致学生的注意力仅仅集中在动画上，而忽略了教学内容的学习，因此，动画的运用一定要把握好度。

六、总结

本文从阐述教学多媒体课件界面设计的重要性出发，分析了当前多媒体课件的界面设计中存在的一些问题，从界面设计的色彩和构图等方面阐述了制作一份优秀的多媒体课件所需要注意的地方。一个主题鲜明、视觉效果舒适、使用方便的多媒体课件能够极大地提高学生的学习效率，有益于教育事业的发展。

参考文献

[1] 杨静. 多媒体课件中的人机界面设计研究[J]. 电化教育研究，2011(22)：188.
[2] 张峻霞，王新亭. 人机工程学与设计应用[M]. 北京：国防工业出版社，2010.
[3] 孙东阳. 多媒体教室用户人机界面研究[J]. 电化教育研究，2010(3)：58-62.
[4] 乔立梅，张佳. 多媒体课件理论与实践[M]. 北京：清华大学出版社. 2011.
[5] 严晨，柴纯钢，徐娜. 多媒体界面设计[M]. 北京：电子工业出版社. 2011.
[6] 黄家荣. 现代教育技术：多媒体课件制作的理论与应用[M]. 成都：西南交通大学出版社. 2008.
[7] 张学永. 浅议教学用多媒体作品界面设计的几个关键环节[J]. 甘肃科技纵横. 2008，37(4)：128，165.

论"问题牵引式"教学法在信息技术课堂中的运用

□ 赵 晨*

"学贵知疑,小疑则小进,大疑则大进。"《普通高中信息技术课程标准(2017年版2020年修订)》中明确指出:"教师要努力引导学生从所设的情境中发现问题,有针对性地进行讨论,从而提出解决问题的思路,使学生的认识逐步得到发展。"传统信息技术课程的设置,通常是以学生完成学习任务为目标,循序渐进的一个学习过程。由于在高中信息技术教材中理论知识占据的比例相当大,大部分知识抽象,理解难度大,且很少与实际生活相联系,导致学生对信息技术这门课程学习的兴趣较低,不愿意主动去学习。若教师能结合实际生活,对教学内容进行二次设计,在教学过程中创设问题情境,积极引导学生主动参与其中,并能在日常生活中运用信息技术知识,相信更能加强学生的实践和创新能力。

一、"问题牵引式"教学法的提出

"问题牵引式"教学法由来已久,最早是由布鲁纳提出的,这种教学方法在国际上被认可,目前已经被普遍使用。美国实用主义教育家杜威认为,成功的教学方法的一个重要标志就是,能够激发起学生的思维。何为思维?思维即感知,对于学生而言,就是有效的学习兴趣。因此,教师应该在教学过程中多创设可以激发学生思维的教学情境,激发学生的学习欲望,让学生主动地去学。而杜威的"思维五步"的提出,更肯定了"问题牵引式"

---

* 作者单位:苏州市第三中学校

教学法的重要性。

传统的信息技术课堂大多采用教师讲解演示，学生模仿并操作练习、完成教师布置的学习任务这样一种教练结合的教学模式。但这样做的弊端是学生只会简单地机械式模仿，为完成学习任务，依样画葫芦，被动地应用所学的知识和技能，甚至没有任何的思考，创新意识和能力培养成了一种口号，严重阻碍了学生学习的积极性和主动性。"问题牵引式"教学法的运用，可以大大改善这种尴尬的状况。

所谓"问题牵引式"教学法，就是教师通过创设问题情境直接提出问题，或激发学生提问题的兴趣从而间接发问，将抽象的知识具象化，使学生在充分掌握知识的基础上，培养其对学习的积极性与主动性、实践性与创新性，最终目的是培养学生良好的信息素养。

二、正确认识和定位"问题"

正确认识和定位"问题"，这是教师在运用"问题牵引式"教学法时必须先要研究的。

对问题的认识可以有两种，客观的和主观的。从客观的角度来看，问题可以理解为一种情景，它客观存在，且与生活紧密相关。从主观的角度来看，问题是学习者在认知上和知识上产生的困惑，是学习者在学习过程中产生的个体疑问。正确认识客观的问题是学习的开端，而努力解决主观的问题则是学习者持续有效学习的驱动力。

在英语里，有两个单词与"问题"相对应：Question和Problem。Question一般是指一些比较简单、直接的，一问一答式的问题，整体偏向陈述性，用于阐述一些概念性的知识。例如，"计算机硬件系统中最核心的部件是什么？""OSI参考模型将网络结构划分成几层？""程序设计语言发展至今，经历了哪几个过程？"而Problem通常是指那些需要经过主观努力和周密思考才能解决的、相对复杂的问题。Question可以用来帮助学生学习和巩固一些概念性的知识，而Problem可以促使学生在学习概念性知识的同时，努力向学习复杂性知识转化。由此可见，Problem性质的问题更能促进学生的有效学习。教师在平时的教学过程中，可以有意识地多提一些Problem性质的问题，减少一些Question性质的问题。

三、"问题牵引式"教学法在信息技术课堂中的运用

"问题牵引式"教学法在课堂上的运用可以分以下几步：

1. 设计问题

探究学生实际生活中有待解决的问题，从而创设情境，贯穿教学。教师在创设问题情境时，最需要考虑的是如何贴近学生的生活，从学生的角度出发，让学生真切地体会到学习不单纯只是学习知识，学习到的知识还可以用于解决生活中的实际问题。必要时，教

师可以借助网络资源、多媒体教学设备等，设计出相对真实的情境，牢牢抓住学生的兴趣点，激发学生的问题意识。

2. 分析问题

教师引导学生详细剖析问题，运用信息技术知识找到解决问题的合理步骤与方法。此过程中，教师可以运用PPT展示，多媒体素材呈现，或错误尝试法对比体验等方式，引导学生积极投入思考，并主动想去解决问题。学生思考的过程，无形中是对旧知识的重新咀嚼，只有温故才能知新，也才能推动学生继续学下去、问下去。

3. 解决问题

教师鼓励学生进行实际操作，在操作过程中获得预期的结果，或发现新的问题。此过程中，教师可以预先准备好学案、操作素材等。学案内容力求简洁明了，只起到提点作用，无须面面俱到，目的是让学生自主地带着问题一步步去尝试探索，而非照搬照抄，模仿式操作。其间，教师可以根据教学内容的难易程度及学生整体情况，适当分小组进行。教师也可以在班级里穿插指导，并有意识地引导、鼓励学生在掌握新知识的基础上发现新问题。

四、"问题牵引式"教学法创设问题情境的几个注意点

1. 贴近生活，引起兴趣

问题情境是指教师有目的、有意识地去创设各种情境，促使学生质疑问难。创设怎样的情境，大有讲究。著名教育家布鲁纳曾说过，学习者在一定的问题情境中，经历对学习材料的亲身体验和发展过程，才是学习者最有价值的东西。因此，在创设问题情境时，教师要力求贴近学生生活，让学生感受到所学知识可以用来解决生活实际问题，由此来激发学生强烈的问题意识。此外，教师在设计问题时务必注意，一定要选取那些学生在目前阶段就自身现有知识还解决不了的问题，让学生在心理上渴求问题的答案。

2. 难易适度，目的明确

对于学生而言，问题源于情境，情境是问题提出的基石。教师创设的情境切莫过于高深复杂，导致学生思维发散，短时间内不知从何问起；但也不可过于简单，思考价值不高，从而降低学生的学习兴趣。教师对问题情境的创设需考虑周全，目的明确，引导学生问在疑处，有的放矢。在实施过程中教师需要注意的是，不可一味追求问题的量而忽略学生的反应与接受能力，应当留给学生思考的时间与空间，切忌对于学生提出的问题不了了之、似是而非，因为创设情境、设计问题的最终目的就是让学生掌握知识。

3. 切忌牵强，莫忘教材

任何的教学法都应当回归教材，以教学内容为依托，紧扣教学目标和教学重难点，在此基础上创设有效教学情境。在实际的课堂教学中，切莫忽略教材，过度追求问题情境的呈现，为了设计而设计，以致本末倒置，适得其反。要让问题情境成为教学内容输入时的优美序曲和良好润滑剂，而非徒有其表，甚至是影响正常教学的鸡肋。

五、结束语

"问题牵引式"教学法是教师引导学生主动发现学习中的问题，进而形成自己对问题的思考，通过课堂实践活动解决问题，并让学生带着更多的问题走出课堂，使学生的思维能力和创造能力得到发展和升华。"问题牵引式"教学法能够使学生达到从单纯的记忆和常规的训练里无法实现的高层次的理解、掌握和运用，其关键是培养学生良好的思维品质和终身学习的能力，成为创造性的人才。

信息技术课堂教学的最终目的是提升学生自身的信息素养，"问题牵引式"教学法只是诸多有效教学法中的一种，如何合理使用要视课程内容而定，而非一用到底，否则将适得其反。总之，"问题牵引式"教学法在高中信息技术教学中的运用还需要进一步的摸索、实践与探讨，在今后的教学中，需要多学习、多反思，使之成为一种实施素质教育有实效的教学方法。

参考文献

[1] 李艺. 信息技术课程与教学[M]. 北京：高等教育出版社，2005.
[2] 吴孝燕. 中学信息技术课程的教学模式探讨[J]. 教育探索，2003(8)：41-42.
[3] 王辉. 巧上信息技术课[J]. 电脑知识与技术，2005(2)：91-92.
[4] 张秀梅. 论高中信息技术教学实践与思考[J]. 大观周刊，2011(52)：80.
[5] 张明，魏嘉. 应用问题教学法 有效提升教学效果[J]. 中国教育技术装备，2007(10)：27-29.

创新教育在幼儿教育中的趋势

□ 杜 艳[*]

当前,我国社会不断进步,经济发展水平不断提高,人们的生活水平也随之提升,所受教育也越来越科学化、拓展化。由于近些年我国科技发展突飞猛进,因此,对所需人才也提出了更高的要求,可以说当前社会所需的人才标准应为复合型人才。幼儿在成长初期所接受的启蒙教育对其今后的发展具有重要的影响作用,而幼儿教师不仅仅是传道授业解惑者也,更是引导幼儿正确认知和树立良好观念和习惯的指引者,使之未来成为我国的栋梁之材。而传统的幼儿教育模式早已无法适应当前的教育发展,因此,在幼儿教育中进行创新教育势在必行,迫在眉睫。

一、在幼儿教育中实施创新教育的必要性

创新教育是基于传统教育,改变其原有的教学模式,使之与现代化教育发展相同步,打破传统教学中幼师手把手教授、幼儿认真听讲等模式,进行本质上的突破。

1. 增强了幼儿的创新思想意识

当前我国社会发展所需的人才为复合型人才,幼儿在接受创新教育后能够形成良好的创新意识,可谓是从小培养长大成才。幼儿在年龄较小的阶段,其注意力不够集中,心智发展缓慢,不够成熟,创新教育能够使幼儿从小接受较为新兴的教育模式,无论是通过多媒体教学还是其他新兴的授课方式,都能够极大地引起幼儿的学习兴趣,使其热爱学

---

[*] 作者单位:苏州高新区天都幼儿园

习，能够乐于接受各种类型知识的学习，对培养其良好品格和素质打下坚实的基础。

2. 提高了幼师的创新素质

幼师作为幼儿最初接触家庭以外的大社会环境中的启蒙者和领路人，对幼儿的成长教育和今后发展都起到了不可忽视的作用。一位良好的启蒙者才能够培养出优秀的人才，因此，幼师为培养幼儿的良好创新意识，其前提就是幼师自身就具有较高的创新素质，这样才能制定出有效的创新教学方案来实施创新教育。这个过程，也是幼师自己升华个人素质和品格的必经之路。

二、如何在幼儿教育中实施创新教育

1. 在幼儿生活中构建创新教育氛围

（1）鼓励幼师创造创新教育氛围，培养幼儿的参与意识。

在幼儿教育中，幼师在具有创新素质和创新思维的同时，幼儿也应具有创新意识，唯有两者都对创新产生正确的认识，才能为创新教育建立广阔的发展空间，使之得到长足发展。那么如何对幼儿实施创新教育？很显然，传统的教学模式已经无法适应当前的现代化教学模式的发展，其旧有的教学模式是以一味地对幼儿进行知识灌输为主，不管幼儿是否接受或者愿不愿意去学。而创新教育应当是更加人性化，细节能够决定成败，因此要对幼儿在幼儿园生活中的每一个细节进行优化，以此来发掘幼儿的创新能力及创新意识。

幼儿在幼儿园的日常生活中，很多时候都能够发挥自身的潜能和创新意识，这就需要幼师具有高度的洞察力和敏感度，对幼儿的创新意识进行观察并不断开发。而传统的创新教育之所以是失败的，就是因为幼师忽视了幼儿在生活中所表现出的创新潜能，并没有意识到创新潜能对于幼儿来说是非常宝贵的，幼师如若能够利用好幼儿的这种创新潜能，就能很好地培养其创新意识和提高其创新能力。

（2）及时参与幼儿的创作，并进行正确的引导和启发。

教师既是活动的组织者、指导者，又是幼儿活动的参与者、合作者。我们应该积极参与幼儿的活动，细心观察，悉心引导，及时发现幼儿创新意识的萌发，并给予正确的启发和引导。这样幼儿心理无负担，才回全身心投入活动中去。幼儿在"做"中学固然重要，但光靠幼儿自主的做而没有教师及时的指导，还不能说是真正的"做"中学，幼儿也难以在"做"中求进步。陈鹤琴很早就意识到"正确引导"的重要性，他说教师应尽一切办法适当指导，给幼儿足够的机会，足够的时空，建构以幼儿自主活动为主要形式的新型教育模式，使教师活动真正建立在幼儿自主活动、自主探索的基础上，以萌发幼儿的创新意识，促进幼儿创新能力的发展。

（3）对幼儿的创新给予正面的评价和肯定。

正面的评价，可使幼儿产生积极向上的心理暗示。为保护幼儿的自尊心、自信心及初步萌发的创新意识，幼师不要轻率地运用打击性、抹杀性的评语，尽量采用正面鼓励性的、肯定式的评语，并在学习、生活中细心观察，不断地找到每个幼儿的闪光点，哪怕是极微小的，也要及时地给予正面引导，积极鼓励。这样，他们才能最好地发挥自己的创新意识。

2.发挥幼师在创新教育中的主导地位

幼师作为创新教育的实施者，在进行创新教育中占有主导地位，具有不可忽视的作用，唯有其发挥良好的引领作用，才能更好地将创新教育实行下去。当前，在许多幼儿园中，幼师缺乏创新的热情和创新素质，该现象在公立幼儿园中尤为突出，所有的幼师都认为她们只要保护好幼儿的安全，附加一些知识的传授即可；并没有意识到，幼儿在幼儿园中不仅要有一个良好的成长环境，更应该接受智力的开发和思维的培养。因为幼儿时期所接受的教育，能够对其今后性格的形成产生重大的影响。因此，幼师自身具有高度的创新意识和创新素质是非常重要的，对创新教育的实施具有决定性意义。

（1）充分发掘幼儿内在潜能，培养创新思维。

在传统的幼儿教育中，存在着许多抑制幼儿思想意识及个性发展的教学弊端。例如，幼师在教学中只注重幼儿是否将词语或者是句子死记硬背下来，并没有意识到如何能够让幼儿对该词语或句子进行语义理解后再熟记于心，只注重结果并未注重过程。幼师在幼儿教育中所扮演的角色是"引导者"，要想让幼儿在接受教育的同时，对学习有热情，就要充分调动起学习的积极性，激发其学习动力，可以通过开展一些有深度、有意义的学习活动，让其在玩中掌握学习要领，发掘其内在潜能，使其思维活跃起来，主动参与幼师所开展的创新教育活动，从而使幼师能够更好地发现幼儿自身存在的内在潜能，不断激发其创新思维，使其进行更有创造性的学习。

（2）吸纳幼儿意见，在教学模式中融入新鲜元素。

幼师在进行创新教育之前，需要进行自身创新素养的提高，可通过阅读关于创新教育方面的书籍，进行创新意识的培养，制定针对幼儿教育的有效创新教育实施方案。将读书、看报、看电视、上网查阅和观看到的一些具有学习意义的成功案例，融入到情景教学中去，可以吸引幼儿的注意力；也可以将观看趣味综艺节目所得的创新思路融入幼儿的幼儿园活动。在传统的教学模式中，幼师通常不会对幼儿所表达的言论进行思考，只是让其一味地保持安静，维持课堂秩序，在创新教育中，幼师应对幼儿给予尊重，打破原有的教学模式，不能局限于幼儿年龄小就对幼儿的意见不予采纳或者置之不理。例如，在课堂中幼师可留出一定的时间，让幼儿表达自己的意见和建议等。

3. 建立和谐的师生关系

在幼儿教育中，幼师对幼儿给予充分的尊重是非常重要的，这对幼儿形成良好的人格具有重要意义。幼儿与幼师在交往的过程中，幼师应该以平等的身份参与其中，这对形成良好的师生关系具有极大的促进作用。例如，幼儿在有问题需要幼师进行回答的时候，或者幼儿遇到困难需要幼师进行帮助的时候，幼师应蹲下来与幼儿进行沟通，而不是以一副高高在上的姿态，让幼儿觉得对方高不可攀。同时，幼师不应将幼儿之间进行对比，例如，某个幼儿做的好时，在对其进行奖励时，也要呼吁其他幼儿向其学习，鼓励大家都能做得一样好，而不是借机批评一些做得相对不好的幼儿，指责其不如做得好的幼儿。这样不仅会打消其参与活动的积极性，而且会在其心中留下阴影。幼师可利用蒙氏教育中的纵向比较法，对幼儿进行鼓励和教育。例如，当幼儿有一点点的进步时，可以说："你这次做得比上次好多了呢，继续加油呦，老师认为你特别棒！"这样的话语能够帮助幼儿树立自信心。

4. 将多媒体技术融入教学中

（1）情境设置，激发幼儿学习兴趣。

兴趣是最好的老师，激发幼儿的学习兴趣是创新教育实施的关键。当前，我国多媒体技术的有效利用，让其成为当下最为流行的新兴教学模式，其不仅能够丰富教学内容，还能够改变旧有的教学模式，活跃课堂气氛，激发幼儿学习兴趣。例如，在讲解"讲文明，懂礼貌"这一课题时，开头以小故事的形式引出话题，深受幼儿喜爱，孩子们通过观看一个个小故事，从图文并茂的课件中，学习什么是正确的做法，什么是错误的行为，在幼儿脑海中留下了深刻的印象。

（2）形象具体，化难为易，突出重点。

通过使用多媒体课件，能够将最为直观生动的画面展现在幼儿面前，激发其学习兴趣。例如，当讲解人类起源时，单靠简单的文字叙述和图片进行讲解是不够的，无法让幼儿在脑海中形成一个人类进化的过程，这时可以利用多媒体技术中的Flash动画软件来编辑人类进化过程史，使之形成一个完整的动画，让幼儿更深刻地体会到人类的形成是怎样的一个过程,并且可以鼓励其发表自己的意见,使其充分认识到科学的魅力。

创新教育是一个长期的教育过程,教师要在不断地学习、不断地实践、不断地创新中培养幼儿的创新意识,创造性地传播知识。帮助幼儿树立创新思想、学习创新方法,要注意从身边的点滴做起,做到循序渐进,要以最终达到培养具有创新意识人才的目的。

综上所述,在幼儿教育中融入创新教育,必须要将幼儿作为实施教育的主体,幼师占据主导地位,同时要将现代新兴教学技术应用到传统教学模式改革中去,这样才能将创新教育有效实施,落到实处。幼儿自身的潜能是非常大的,需要幼师不断地进行细心观察和开发,激发其内在潜能,培养其创新思维和意识,为其成长为创新型人才打下坚实基础。

参考文献

[1]郝丽荣,郝丽勇.浅析创新教育在幼儿教育中的实施[J].新课程(教师版),2008(11):4.
[2]骆秀曼.浅谈多媒体技术在幼儿教育中的应用[J].黑龙江科技信息,2009(05):154,259.
[3]赵美玲,赵志刚.从维特根斯坦语言哲学透视幼儿英语教学[J].成功(教育),2013(02):147-148.

巧用网络教学平台 助力信息科技教学
——以昆山市人工智能教学平台为例

□ 蒋 倩[*]

随着《义务教育信息科技课程标准（2022年版）》（以下简称《新课标》）的发布，信息科技课程首次从综合课程中独立出来，上升为国家课程，实现了从"0"到"1"的突破，具有里程碑意义。《新课标》中课程内容发展了翻天覆地的变化，尤其是紧扣数据、算法、网络、信息处理、信息安全、人工智能等的课程逻辑主线，突出了对未来人的关注。这便给信息教师们的教学工作带来了新的挑战：未来的信息科技课程该怎么教？

新的课程体系没有指定使用某一个软件、通过某种方式教学，笔者认为，信息科技课程或许可以借助网络教学平台的丰富功能，采用混合式教学，把传统学习方式的优势和网络化学习的优势结合起来，既发挥教师引导、启发、监控教学过程的主导作用，又充分体现学生作为学习过程主体的主动性、积极性与创造性。

一、合适网络教学平台的选择

网络上教学平台众多，信息教师常用的有编程猫和UMU互动学习平台。编程猫主要是面向编程教学，平台内包含不错的课程，虽然它可以满足信息课程的一部分教学内容，如编程，但也仅仅局限于这一内容，《新课标》强调的人工智能或者物联网等教学内容平台无法满足。并且其课程并不完全满足不同地区和学校的个性化教学需求，教师也无法自定义课程，更别说教师之间的合作备课了。UMU互动学习平台相对来说内容和功能较

---

[*] 作者单位：昆山市葛江中学

为丰富，教师可以自行在平台中放置视频或直播课，还可以设置签到、投票、提问、抽奖等功能，但信息课中涉及实操、编程等实践体验活动，教师仍需在平台外另外安排。除此之外，这两个平台毕竟是第三方的平台，所有的教师和学生账号都必须自己注册。虽然平台也提供了有限数量的批量注册功能，但我们所教的学生数量往往超出这个数值，这也带来了一些麻烦。

不难发现，这两个较具有代表性的平台对于信息教学的帮助还是有一些偏向和缺失的。昆山教师发展中心经过精心的筹备，推出了"昆山市人工智能教学平台"，笔者认为它可以基本满足信息科技课程日常教学的需要。

二、人工智能教学平台的功能

1. 师生无须注册，信息同步对接

昆山市人工智能教学平台是昆山市智慧教育云平台系统中的一个功能板块，所以它无须另外注册，教师和学生直接使用云平台账号一键登录，包括授课班级、学号等信息也同步对接，教师端与学生端互通。

2. 满足教学需求，提供丰富功能

教师在平台内创建的课程除了可以放置常规的课件、视频、文本、图片外，还具有一些满足信息科技教学需求的功能。平台提供了在线的Scratch图形化编程教学的模块和办公软件模块，学生操作易于上手。与此同时，平台还植入了Python、C++等模块，直接输入代码，系统就可以自动识别和判定程序编写是否正确，无须额外使用其他软件。除此之外，平台还有多个扩展功能，如乐器演奏、敲锣打鼓的音乐，多种语言的翻译，让作品开口说话的文字朗读，使用摄像头侦测运动的视频侦测，具有AI的采集、训练、应用功能的视觉和语音识别，甚至可以借助Arduino等硬件设备实现更加丰富的功能，为学习过程提供了有力的支持。

3. 共创精品课程，共享优质资源

教师不仅可以在平台创建自己的课程，而且可以根据本校教学计划，以教研组为单位通过平台共同备课，实现资源共享。同时，在人工智能教学平台中有一些优秀的精品课程，所有教师都可以添加到自己的课程资源中直接运用，也可以根据需要对其进行修改和再加工，例如调整环节顺序、新增章节、新增互动、更改评分等都是比较方便的。

4. 跟踪学习过程，反馈教学效果

在日常教学中，教师通过FTP、极域等收集、统计学生的作业，再逐一打开众多学生

文件进行批阅、反馈，比较麻烦。人工智能教学平台具有自动判定的功能，学生的操作进度、测评结果在教师端可以直观看到，包括班级整体情况以及每位学生的分数和具体作业内容。教师可以在课程结束时甚至每个环节，都可以设置测评，以检验学生完成和掌握的情况。

三、人工智能教学平台的应用

通过人工智能教学平台，教师可以直接从智慧云平台快速选定所教班级的学生名单，根据需要创建课程，添加教学课件方便课堂讲授，发放学习资料供学生自学，创建作业和设置评判标准收集学生反馈等，十分方便。以《语音识别技术——智能家居》一课为例，教师在利用课件进行常规讲授后，引导学生使用平台的Scratch脚本和扩展功能，体验简单人工智能程序。教师编写的程序脚本通过加载语音识别模块、录制学生的语音、迭代100次的机器学习、语音测试四个步骤，便能实现人工智能准确识别出"开"或者"关"的语音命令，并控制智能家居开关状态的效果。平台通过学生的动手操作和编程过程体验其中原理，并且将机器学习的过程和效果呈现在学生面前，真正让学生感受到人工智能的神奇。学生在逐步完成教师设定的任务的过程中，平台自动进行判定，具有一定激励作用，也便于教师对每位学生的学习进度、成果进行跟踪和反馈，包括打开学生的程序进行批阅等。

学习不应该是学生对新知识的机械式的接受，而是对新知识的主动构建。人工智能教学平台聚焦于学习的主体——学生，所以，教师在设计课程的过程也应尊重学生个体的独立性，设置真实情境，以主题引领的方式，将思维的训练发展融入数字化的问题解决中，让其在自主探究的过程中建构自己的知识体系，帮助学生取得最优化的学习效果。

四、结语

当前，智慧社会的各种技术手段极大地方便了我们的生活，在信息科技课程中，教师不仅要让学生"知其然"，还要"知其所以然"。因此，利用好人工智能教学平台便可以凝结教师力量，共享智慧结晶成果，致力于提升数字素养与技能。

参考文献

[1]中华人民共和国教育部.义务教育信息科技课程标准（2022年版）[M].北京:北京师范大学出版社,2022.

Clicker系统在初三化学教学中的应用探索
——以《溶解度》复习课为例

□ 徐　峰*

课堂应答系统（简称Clicker系统）是一种具备统计分析能力的教学互动系统。主要由应答器、学生手持遥控器和数据处理软件构成，如图1和图2所示。遥控器上设置了A、B、C、D四个选择键和一个功能键E，教学中教师将课前精心预设的问题以选择题的形式呈现在学生面前，学生进行交流、讨论，然后按键进行回答，信号发出后被应答器接收，内部软件随后分析出学生的答题情况，并以统计图的形式投影在屏幕上。教师可以根据学生答题的即时反馈信息了解学生的学习状态，及时调整相应的教学策略进行合理有效地教学，以实现师生互动，帮助学生形成正确的科学概念。

图1　应答器

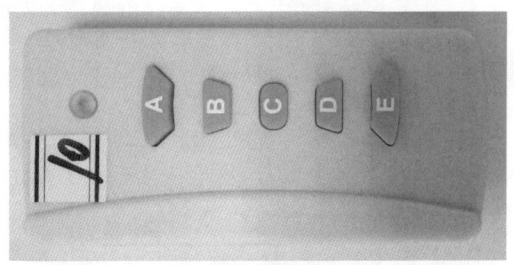

图2　遥控器

---

* 作者单位：昆山市葛江中学

一、教学片段展示

本文选取《溶解度》复习课中的一个教学环节，通过实验班和对照班，说明有无Clicker情况下教师复习节奏和学生讨论情况的变化。实验班用Clicker，对照班采用普通上课模式。

环节	通过课堂练习复习回顾溶解度与溶液浓度的知识： 1.有一杯底部有蔗糖残留未溶解的糖水，下列说法正确的是（　　　） 　　A.糖水底部比上部甜　　　　　　B.糖水上部比底部甜 　　C.整杯水一样甜　　　　　　　　D.以上情况均有可能 2.升高温度后，杯底的蔗糖又溶解了一部分，下列说法正确的是（　　　） 　　A.溶质增加，溶解度不变　　　　B.溶液质量增加，甜度增加 　　C.溶液甜度不变，溶解度变大　　D.溶解度变大，甜度增加
实验班	学生对第①题独立思考，进行第一次选择，正确率很高的情况下教师展示答案，对某些选错的学生分别提问。过程如下： 师：结合答题情况看，95%的同学选了C，只有甲选了A，乙选了B，接下来我们请甲先说说。 甲：我认为糖的密度比水大，所以糖会沉在底部，而且我们可以发现烧杯底部也有糖剩余未溶解嘛，肯定下面更甜咯。 师：乙呢？你为什么觉得上面更甜？ 乙：加水溶解时，上部的水先接触糖，所以上面应该更甜吧。 师：其他同学，你们觉得呢？有谁来解释？ 丙：我认为不是这样的，底下有结晶，说明是饱和溶液，既然是溶液，肯定是均匀稳定的，所以应该一样甜。 师：大家明白了吗？这道题主要结合溶液的性质进行回答。刚才丙说到这是过饱和溶液，如果改变外部条件后，又会发生什么变化呢？请看第2小题，并进行选择。 教师通过数据反馈发现，第2题正确率不高，只有35%，于是组织学生进行小组讨论。过程如下：

实验班	师：这次大家的答案比较分散啊，看来都没有把握啊，生1，你给大家说说看你为啥选A？ 生1：蔗糖又溶解，不就说明溶质又多了吗？而且部分溶解，还是饱和状态，说明溶解度不变啊。 师：那么，生1，你有没有想过，溶解度的改变与什么因素有关呢？ 生1：好像与温度有关。 师：生2，你为什么选了C，认为甜度不变呢？甜度与什么有关呢？ 生2：我觉得仍然是饱和溶液，那么浓度是一样的。 师：不同状态下的饱和溶液浓度是一样的吗？你再想想。 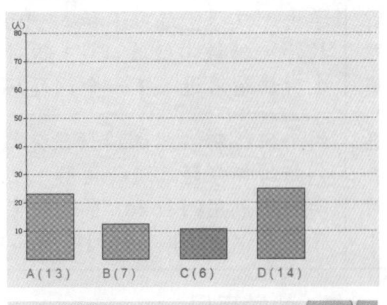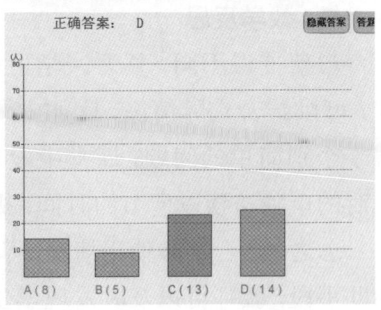 同学们讨论后，请第二次作答。 教师结合数据，发现正确率有所提高，但是仍然小于80%，因此教师采取各别讲解，再从题库中抽调变式训练。 1.一定温度下，向烧杯中加入一定质量的水，仅有部分晶体溶解。所得溶液与原来相比，下列说法正确的是(　　) A. 溶剂的质量增加，溶液颜色变浅 B. 溶质溶解度变大，溶液颜色不变 C. 溶质的质量增加，溶液颜色变深 D. 溶质溶解度不变，溶液颜色不变 学生进行答题选择，统计正确率，正确率很高的情况下，请个别同学单独回答。 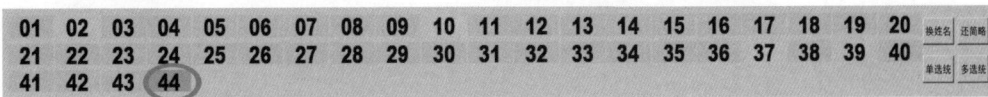 师：甲，只有你选了A，说说看你的想法。 甲：我觉得加水，溶液不就变稀了吗？我按照生活常识，觉得颜色变浅。 师：那颜色的深浅与什么有关呢？是水的多少吗？结合上一题的甜度，再想想。 甲：哦！是溶液的浓度，我明白了，还是同温度下的饱和溶液，溶液浓度不变，所以颜色不变！ 师：回答得非常好，接下来我们进入下一个环节的复习。

对照班	学生完成课堂练习1和2,并小组讨论。 教师凭借教学经验,第1题对一位同学进行简单提问,而对第2题每个选项进行讲解,学生听讲结束进入下一个问题环节。
差异对比	两个班级都按照课前预设完成了两个课堂练习,对照班因为缺少数据反馈,教师按照经验判断对部分题目进行讲解,但是缺少二次答题的反馈,从而无法获悉学生的掌握情况。 实验班利用Clicker进行了前后两次选择,教师可以直观地对学生经过讨论以及讲解后的正确率做出判断,并利用题库中的问题进行二次有针对性的练习,以保证复习的效果。

二、教学反思

与新授课不同,复习课学生对于概念已经有了一定的认识,因此,基于Clicker的反馈,可以结合实际情况,比如本节课环节1中的练习1,虽然只有两位学生回答错,但是属于个别简单的问题,课堂中没有必要再详细地询问两位学生原因,可以课后再进行有针对的单独访谈以便节约时间,提高课堂的效率。

总之,结合实际使用情况,基于Clicker系统的复习课,因为有了学生的答题情况作为辅助手段,教师可以及时发现学生普遍存在的问题并有针对性地提问,这样,可以发挥设备优势,提高课堂效率。

微课支持下的小学生英语深度学习的实践探索

□ 顾　碟

小学英语课程应根据教和学的需求，提供贴近学生、贴近生活、贴近时代的英语学习资源。教师要创造性地开发和利用现实生活中鲜活的英语学习资源来拓展学生学习和运用英语的渠道。小学生对知识的接受形式存在差异，传统的教学形式已不能满足学生的需要。因此，教师要改变陈旧的教学方式，融合微课技术，提供学生多元化的资源，激发学生的探究兴趣，促进学生的深度学习。

一、什么是微课支持下的小学英语深度学习

深度学习是相对于学生被动地、机械地、孤立地记忆所教授的知识的浅层学习来说的。它是学习者基于理解的基础上，把学习的知识纳入原有的认知结构中，将已有的知识迁移到新的情境中，创造性地解决问题。深度学习有三大特点：深度学习意味着理解与批判；深度学习意味着联系与构建；深度学习意味着迁移与应用。小学生英语深度学习是指小学生能够在学习中理解文章的基本内容，并能积极主动地把所学新知与旧知进行关联与整合，构建知识的框架体系，并能与生活实际结合，创造性地解决问题。

微课是指符合小学生的认知特点和习惯而设计制作的，围绕某个知识点、教育点或教学环节开展的简短、完整的教学活动。它既可吸引学生在课堂中更专注于主题式教学环节，又可成为课前导学、课后延伸的个性化学习的最好载体。微课具有四大特点：①主题突出，指向明确；②资源多样，情境真实；③短小精悍，使用方便；④半结构化，易于扩充。

* 作者单位：太仓市陆渡中心小学

微课支持下的小学生英语深度学习是指师生制作相关英语微课提供给学生进行学习交流，促进学生学习的理解与掌握，对新旧知识进行同化与整合，构建知识体系，促进学生将知识迁移应用到相应的情境中。它具有以下特点：①课前通过微课的预习，帮助学生激活原有的旧知，对所要学习的内容有初步的认识，渗透一些学习策略，激发学生学习的兴趣；②课中通过微课的学习，帮助学生掌握知识，整合新旧知识，促进学生对知识的迁移运用；③课后通过微课的拓学，帮助学生构建知识体系，批判性地选取并吸收知识，在情境中运用知识。

具体来说，微课支持下的小学生英语深度学习主要包括课前预学、课中助学、课后拓学。下面笔者以译林版四年级上册"Unit 6 At the snack bar"单元三个课时教学为例来阐述具体的做法。

1. 课前预习：激活思维，初步理解，渗透方法

用微课引导学生课前预学，主要是激活学生原有的知识并提前了解将要学习的英语相关知识点，渗透相应的学习策略，并运用提问等方式激发学生学习的兴趣，引导学生预习，为课堂的深入学习做好铺垫。

【案例一】

第一课时前，教师制作了一个《食物点餐知多少》的微课，在微课中首先帮助学生梳理了二年级所学juice、yogurt、sandwich、cupcake、tart、noodles、rice等食物，三年级所学的hot dog、hamburger、cake、egg等食物，激活学生原有的知识，教师结合课文的单词教学了a glass of juice/milk、a cup of tea/coffee。帮助学生初步理解a glass/cup of…的用法，并尝试说一说学过的其他饮料，本课的单词hamburger、sandwich、noodles和rice，二三年级都已经学过。接着教师梳理了三年级学过的句型"Would you like …?"，然后渗透了"What would you like?""What about you? Anything else?"等句型，帮助学生对点餐句型进行归纳。最后教师还补充了更多点餐句型的绘本，让学生自学。

第二课时前，结合Fun time的Menu制作了《如何设计菜单》的微课。在微课中，教师设计了Food、Drinks两大板块，让学生了解一般菜单，包括食物与饮料两类。针对学过的食物，教师又把它分成了菜肴与主食两类，并进行了相应物品的罗列，帮助学生学会制作菜单。接着教师对物品进行了标价，并渗透了询问价钱的句型："How much is it?""It's …yuan."以及复数句型"How much are they?""They're …yuan."。在微课的最后，教师请学生自己制作菜单、点餐并尝试编一编点餐对话，有效地为深入的课堂的学习做了铺垫。

第三课时前，教师针对Checkout time部分制作了《如何写点餐作文》的微课。首先，教师以单元话题为主题，设计了思维导图，帮助学生梳理写作的结构框架，明确写作四要素：时间、地点、人物、事情。同时，教师渗透了一些写作方法：如何使写作内容更丰富及句式结构的变化，形容词的运用等。让学生通过预习，确立大致的写作方向与内容，可以提前搜集好相关的语言素材，为课堂的写作进行铺垫。

2. 课中助学：激活课堂，突破难点，建构知识

微课的课中助学主要是为了帮助调动学生的主观能动性，让学生主动参与探究，获取并形成每堂课相应的知识与技能，同时运用微课来帮助突破课堂的重难点，整合新旧知识，构建知识体系。

【案例二】

第一课时教学的难点是学生对点餐句型的掌握及能够在相应的场景中表演对话。在新授课文时，教师有意识地把服务员询问点餐的句型和迈克（Mike）一家点餐的句型进行板书，分别放入How to ask及How to order框内。接着教师呈现了一个点餐微课，在学生观看微课后请学生找出服务员询问点餐和人物点餐的句型，教师把学生找出的句型分别放入不同的框内，并请学生补充自己不知道的句型，帮助学生对问餐与点餐句型形成知识网络。然后教师请学生小组内根据板书选择句型模拟课文场景对话，这样的对话既体现了学生的灵活性，活跃了课堂，又突破了课堂的重难点。它既避免了学生对话内容的千篇一律，又避免了学生的无话可说。

"语言总是在一定的情景中使用的。如果学生能在相对完整的、真实的情景中接触、体验、理解和学习语言，那么他们就能更好地理解语言的意义和用法，也能更好地掌握语言的形式。"第二课时，教师在课前利用了《如何设计菜单》微课进行了有效的导学，课堂中教师呈现了《学生表演点餐》的微课，微课中既包含了上堂课中的所有知识点内容，又增加了价钱的部分。教师利用微课示范表演，学生可以看到表演者的动作、表情、语言等，可以更好地帮助学生明确表演的要求及形式，从而使小组的合作表演更有效。

第三课时在教学小诗"What would you like?" "What would you like?" "I'd like a pie. I'd like some rice." "They're all very nice."时，教师首先对小诗进行了分析，两句问句，两句答句中一句单数，一句涉及不可数，然后对两种食物味道评价。学习完小诗后教师呈现了小诗型微课："What would you like?" "What would you like?" "I'd like an egg." "I'd like some milk." "They're all very nice." "What about you?" "What about you?" "I'd like a glass of juice.""I'd like some noodles.""They're all very yummy."。微课中体现a和an的用法，some加不可数名词与名词复数的用法，以及a glass/ cup of的用法；既帮助学生进行了梳理句型，又整合了本单元不可数名词与可数名词的区分。最后教师让学生自选物品改编小诗"What would you like?""What would you like?""I'd like a/an _____.""I'd like some _____.""They're all very _____.""What about you?""What about you?""I'd like a glass/ cup of _____.""I'd like some _____.""They're all very _____."。学生在小诗的改编传唱中既突破了本单元的难点，又建构了知识之间的联系。

3. 课后拓学：延伸课堂，知识迁移，批判应用

课后拓展微课作为知识的延伸，它将学生所学的新知识进行归纳与梳理，帮助学生更好地理解与掌握。同时，它还对一些知识进行补充教学，弥补课堂的不足，提升学生的学习能力。学生在课后可以自主选取内容进行拓学，并在相应的情景中更好地运用所学的知识来创造性地解决问题。

【案例三】

第一课时教学Story time板块。课前教师设计了《食物点餐知多少》微课，课堂教师呈现了点餐微课拓展了询问点餐和点餐用语，课后教师设计归纳型微课对本课时的语言进行系统归纳，帮助学生明确哪些是询问语，哪些是点餐语。同时教师补充了西方国家的点餐礼仪、用餐礼仪及西方食物的上餐程序、刀叉的使用等。最后教师布置了小组内想象点餐情景创编对话的活动，鼓励学生尽量使用补充的知识。学生在学习中不仅知道了如何点餐，还了解了西方的点餐和用餐文化等，并在小组想象表演中学以致用。

第二课时教学Fun time & Cartoon time板块。教师对课前《如何设计菜单》和课中《学生表演点餐》分别设计了微课，课后教师结合Cartoon time板块设计制作了《猩猩餐馆大酬宾》微课，微课中设计了猩猩餐馆大酬宾的活动，呈现了猩猩餐馆的菜单，菜单中补充教学了一些菜肴的名字，如meat with potatoes、carrot soup、pepper noodles等，设置了20元以上的价格，教学数字的读法。最后请学生畅想还会有哪些动物来到猩猩餐馆，他们会如何点餐，会发生什么样的故事？请学生小组自编对话，下堂课进行表演。学生在小组的讨论创编中迁移并运用了知识。

第三课时教学Sound time、Rhyme time & Checkout time板块。教师利用微课课前对作文进行了导学，课堂对小诗进行了重难点突破，课后教师针对Sound time寻找了《丽声妙想英语系列》中的/ks/语音绘本制作成微课视频来对课堂的语音教学进行补充。教师又补

充了books、likes、cakes等以ks或kes结尾的单词的朗读，帮助学生进行系统归纳。最后教师还设计了寻找家园环节，帮助学生正确地辨别读音。学生通过跟着语音反复地模仿朗读及实践练习，达到更高效的学习。

二、如何利用微课助推小学生英语深度学习

英语的深度学习不仅体现在学生通过微课的学习，激发了自主学习的兴趣，构建了知识网络，掌握了学习策略，还体现在学生的自主学习、主动探究及成果展示上。微课助推小学生英语深度学习经历了四个阶段：①教师制作微课提供学生学习；②教师、学生共同讨论后，教师完成微课制作；③学生独立尝试微课制作展现学习成果；④教师指导修改后共享学生学习成果。在不断的实践中，笔者也初步形成了五大类型的微课。

1. 导学性微课：激活学生创新思维

导学性微课主要是在课前对学生已有的知识进行激活并对所要学习的内容进行初步的渗透。它可以是对句型、语法、作文等结构的讲解，也可以是对文本或绘本教学的导读。例如，语篇阅读教学时，教师通过对语篇的背景介绍及对碎片化的知识进行整理，设计一些语篇内容的问题帮助学生理解文本。针对绘本阅读，教师可以设计一些开放性的话题与学生探讨绘本的角色形象、故事情节及故事主题等，激活学生的创新思维。同时教师也可以布置学生选择自己喜欢的课外读物制作微课导学，比一比谁做的微课能激起学生阅读的兴趣。教师在比一比中，调动了学生的主观能动性，激活了学生的创新思维。

2. 演示性微课：培养学生实践能力

演示性微课主要起到示范作用。教师利用微课进行语音教学，学生可以课后反复观看教师发音及口型，模仿练习，以满足不同层次的学生的学习需求。教师利用微课示范课文的表演，学生可以看到表演者的动作、表情、语言等，可以更好地帮助学生明确表演的要求及形式，从而使课堂练习更有效。教师利用微课进行活动的示范，如包粽子、匹配贴图等，可以帮助学生更好地操作。教师布置学生录制做家务微课，如介绍如何整理床铺及注意点等，不仅可以培养学生的实践能力，还可以帮助学生了解更多做家务的方法。

3. 小结性微课：构建学科知识体系

小结性微课重在明确本堂课的学习目标和任务，弄清教学重难点，归纳知识点，构建知识体系，并为之后的学习内容作铺垫。小结性微课教师可以针对学生课堂没有完全掌握的知识或者是没有充分操练的知识进行设计，把平时学生易错点进行梳理与归纳，整合新旧知识，帮助学生系统归纳并练习，从而进一步掌握知识点。例如，教学三年级上册

"Unit 7 On the farm"一课，课文中出现了this、that、these、those四个词语，它们之间既有两组单复数变化，又有两组反义词。三年级的学生在课堂上很难完全掌握这四个词语及它们的特殊疑问句及陈述句。因此教师要制作这四个词语区分的微课，对一般疑问句型及特殊疑问句的变化规律进行有效补学，并加以练习，帮助学生形成知识体系。另外，在单元结束后，教师也可以布置学生梳理单元的重要知识，制作成小结性微课，然后教师查看并指出一些错误，经过学生修改后共享给全班同学。学生自己的成果展示比教师制作的小结性微课更能体现学生的深度学习。

4. 反差性微课：激发学生质疑精神

反差性微课主要是对文中的一些内容进行辩证性思考，激发学生的质疑意识，培养学生从多角度看待问题的能力。如故事类的绘本多数都设计了矛盾的冲突点，随着故事情节的不断变化，故事中的矛盾冲突会愈加强烈直至高潮，最后得到解决。教师可以针对矛盾冲突点制作微课让学生发挥想象，多角度地对故事进行预测，体会人物内心世界。教师也可以针对这个矛盾冲突点让学生对比人物的形象，从矛盾双方的对立，矛盾一方的立场等多角度思考人物形象，批判性地学习。同时，在学习完绘本后也可以布置学生录制微视频，阐述自己对故事人物的看法。

5. 文化性微课：提升学生人文素养

文化性微课主要是介绍一些故事的背景或者补充一些中西方的文化，帮助学生了解中西方文化的差异。小学英语教材非常注重人文性和工具性的结合，在教材的各个板块都有人文思想的渗透，特别是五年级后开设了文化板块，这一板块的内容通常只有一两句话，但是后面蕴含着深厚的内涵。课上时间有限，教师通常都是对书上的内容进行简单地朗读与讲述。因此，文化性微课的课后拓学不仅能帮助学生巩固课堂内容，而且还能对文化的由来、各国文化的差异、风俗习惯的不同等进行细致的讲解，帮助学生提升人文素养。例如，五年级上册"Unit 7 At weekends"单元文化部分介绍了："Basketball is very popular in the US. Football is very popular in the UK. Table tennis is very popular in China."。短短的三句话学生很容易朗读与记忆，但是这三种球在全世界范围内，开展得都很好，为什么选择了这三个国家呢？通过微课介绍学生就明白了。

语言的习得不仅依靠语言环境，还来源于学生的生活。将微课运用于小学英语教学，使英语教学更具有实践性和灵活性，使阅读教学更具有有效性，使知识教学更具有系统性，使文化教学更具有人文性，有力地推动了学生的深度学习。但微课的使用必须与课堂教学环节紧密结合起来，辅助课堂的学习。课堂上，教师需要对学生课前学的内容进行回顾，加以练习巩固；对学生在课堂助学中出现的疑问加以分析、纠正与指导；还必须对学生课后学习中出现的高频错题进行强化训练。通过这样循环的微课学习方式，将更加有助于推进学生的深度学习。

【参考文献】

[1] 何玲，黎加厚.促进学生深度学习[J].现代教学，2005(5):29-30.
[2] 胡铁生."微课"：区域教育信息资源发展的新趋势[J].电化教育研究，2011(10):61-65.
[3] 程晓堂.英语教师课堂话语分析[M].上海：上海外语教育出版社，2009.
[4] 赵国忠，傅一岑.微课：课堂新革命[M].南京：南京大学出版社，2015.
[5] 顾秋慧.微课提升英语绘本阅读思维品质的策略[J].英语画刊，2020(18):97.
[6] 宋文琳.微课在中学英语语法教学中的应用[J].校园英语，2017(23):136-137.

智慧教育构建低年级语文高效课堂
——以部编版语文教材二年级上册《日月潭》为例

□ 苏欣佳

智慧教育是指依托互联网、硬件设施及大数据支持，借助于各种现代信息技术手段协助教学，从而改善传统教学模式、方法，提高教学效率的一种教育信息生态体系。它依靠信息技术对数据的全面分析，对教师教学策略的选择提供数据推送与应用支持。在课堂教学中，智慧教育提供教学资源的应用及学情即时反馈的平台手段，打破时间、空间的限制，创造了一个交互探究、合作共享、智慧生成，实现"因材施教"的、有活力和感染力的高效课堂。

借助智慧教育信息生态体系，构建低年级语文高效课堂，既是语文学科教育现代化的需要，学生自主合作探究的学习模式的需要，也是现代技术和课程深度整合的必然要求，因此本文以部编版语文教材二年级上册第四单元第十课《日月潭》的教学策略为例，探究智慧教育信息生态体系下，小学低年级语文高效课堂建构的有效措施。

一、智慧支持，创新教学环节

1. 多媒体视频，引入情境——开门见山

面对学生较为陌生的、远离生活环境的中国台湾省日月潭这一教学内容，常规教学中教师单独讲解，难以为学生营造良好的学习情境。多媒体影像可以很大程度上利用情境教学法构建虚拟场景，激发学生的学习兴趣。教师制作一位中国台湾省少数民族高山

---

* 作者单位：苏州市太仓市陆渡中小学

族儿童虚拟形象，这名儿童将作为本节课的向导带着学生一起欣赏日月潭的美景，贯彻整堂课。这样的虚拟形象既极大地调动了学生的兴趣，引导学生顺利进入情境，进入"日月潭之旅"，同时以同龄人的视角，又拉近了与学生之间的心理距离，让学生敢于互动，投入课堂。

2. 各类教学软件，聚焦内容——如鱼得水

现代信息技术的发展，教学观念的革新和硬件设备的完善使得各类教学软件应运而生，较为普遍的是智慧教育云平台、希沃白板等，软件基本操作功能类似，现以"智慧教育云平台"为例。

智慧教育云平台以PPT课件为主体，配合学生手中的平板，辅以一些教学工具如计时器，随机点名，小组加分，举手抢答等。在课堂教学应用中，这些软件可以极大地提高课堂效率。例如，在讲解日月潭的"美"时，教师邀请小朋友自由阅读课文2—4自然段，学生找出自己觉得美的地方，并且把相关的语句圈画出来，如果没有现代技术的帮助，教师需要频繁观察学生是否完成，但在智慧教育信息生态体系中，借助硬件和软件，学生可以自主地在平板上点击"举手"以示完成，教师便可专心指导个别学生直至系统提示大部分学生已完成。

3. 内置工具驱动，高效识字——跬步千里

不积跬步，无以至千里；不积小流，无以成江海。对于低年级学生而言，生字的教学就如万丈高楼的地基，应加以足够的重视，这便要求教师采取合适的教学策略手段，提高学生的识字兴趣与效率。

（1）对应图片文字，应用"四字词语"。

面对较为熟悉的四字词语，学生明白大概，但是不能清楚地说出准确意思或用法。传统教学中的字典教学，填鸭式应试教育不仅会使学生丧失对词语特有的中式美感的赏析，而且这种毫不贴近生活的教育也无法使学生真正体悟词语的意思，学会"词语"。

在这种教学要求下，教师可以应用云平台中的连线或是翻牌等互动，使学生把四字词语和图片相对应，如"名胜古迹"与长城相对应，而面对较易混淆的"群山环绕"和"树木茂盛"，学生可以在图片相对应中发现"群山环绕"更为强调数量较多的山围绕着景物，而"树木茂盛"仅仅指树木的多，不强调地形。具体语境中的差距如果仅凭抽象的文字难以让学生深切体会其含义，但若对比两张同样是青山树木的图片，学生便自然能够进行区分甚至学会应用。

（2）对照动态发现，区分"抽象词语"。

面对较为抽象的修饰词，在传统学习时教师往往利用近义词训练进而解释词语的意思，但这样的处理并没有实现课文语境下的学习，没有做到"解放儿童的双眼"，培养学生对自然和社会进行分析和观察的能力。因此面对"隐隐约约"和"清晰"这类词，教师可以通过展示一个湖景图，利用"聚光灯"工具，先展示图片上半部分——清晰展现的群山绿树，再遮盖上半部分，展示下半部分——模糊的湖中倒影。在邀请学生充分体会交流二者的不同后，学生便可掌握"隐隐约约"与"清晰"的区别及应用场合。

（3）对比大小字体，读好"的"字短语。

在这样的一篇写景的课文中，有许多带有"的"词语的读音需要学生重点掌握，如"美丽的小岛""薄薄的雾""圆圆的太阳"等。但是低年级学生常常将"的"字重读，教师的范读与强调，效果不好，甚至可能迫使学生更加在意"的"字，以致重读。

现代信息技术的应用可以改善这一问题，化抽象"的"为具体可见的图像，将每个短语中的"的"字缩小字体并标红，使之与其他文字产生对比，在此基础上再次范读。通过图像文字的大小指导学生朗读时注意声音的高低轻重，更高效地指导了学生的规范朗读。

二、智慧应用，培养多元意识

1. 任务分工"晴雨天"，培养自主合作意识

侧板的应用使得小组合作不仅停留在讨论交流中，而且可以更有条理、更具内容层次性。如在《日月潭》一课的自主交流中，教师引导学生学习"名字来历"段后可以布置"清晨组"和"中午组"小组合作，自主学习。教室中的六块侧板展示两项不同内容的任务清单，小组成员自由选择学习内容。

"清晨组"的小组成员需要先齐读课文该段后，用线画出感受到日月潭美的词语，接着完成填空写话"有了这层薄薄的雾，（　）看不清了。"

"中午组"的小组成员同样需要齐读课文，然后同样圈画美的词语，因为这是本课的课后练习、教学难点，需要重点钻研。接着针对这一段的晴雨天特点，需要学生找到文中的一组反义词，并将此拖到右下角的框中。

最后两个环节是相似的，均为翻看此时日月潭的景色，并且点击填空背诵此段，这是本课的教学重点。小组合作中包含了自我检测环节，任务单左上角有四个笑脸，当完成一项任务时，小组便可以将笑脸拖到对应的空格中。这样的自我检测可以极大地调动学生的学习积极性，并且合理有效地利用评价方式对自身进行认识。

同时在这样的小组任务单中，教师并没有对小组成员的具体分工进行明确，充分尊重学生的组内交流协商，在极大程度上解放学生，引导学生充分自主合作学习。

2. 球体展示"日月潭"，培养三维立体意识

三维技术的普及极大地丰富了学生认识世界的思路，比起传统教师用言语描述台湾省的位置或早期多媒体中在地图中圈出位置等手段，现在的三维地图的应用可以使教师随时随地地展示三维地球模型，并通过上下左右的转动让学生对世界有了更为立体、全面的认识。

3. 图文绘制"层次图"，培养多线思维意识

《日月潭》作为一篇经典的写景美文，它的结构看似松散，如何能让学生清晰且直观地梳理课文脉络是教师备课时需要解决的问题。在智慧教育信息生态体系中，可以更为灵活地应用思维导图，这既尊重了学生直观图像记忆规律的发展，也创新性地开发了学生的多线思维方式。随着课堂的进行，不同分支上或文字或图画的补充既帮助学生逐步理解文章的内容，如日月潭的名字由来，清晨美景，中午晴雨天的不同；同时课堂最后的整体展现，可以直观而清晰地展示文章脉络，帮助学生从宏观上初步体会写景文章的特点。

三. 智慧反馈，高效互动机制

1. 图片即时拖动，直观清晰

不同于以往作业反馈机制，智慧教育使得学习成果的反馈更为高效直观。《日月潭》的第二段解释了名字的由来，日月潭由"日潭""月潭""美丽的小岛"组成。在这一环节教学中，教师可以选择将三者简化为三个图形叠放在画面一角，由学生上前拖动到日月潭的地图上，由学生自己组成"日月潭"，由此帮助学生记忆三者的位置关系；同时引导学生学会将表示方位的文字转化为实体图片的位置，由此指导生活实践。

2. 成绩即时展现，快捷明确

平板的应用可以快速总结全班的学习效果。教师通过下发电子试卷，学生在平板上互动答题，仅仅几秒计算机便可收集批阅从而汇总全班答题情况，并且标记易错题，平均答题情况，帮助教师快速了解班级情况，从而帮助教师转变教学思路，进行更有针对性地讲解。

3. 生字即时点评，激趣重审

展台和拍照上传等技术的运用可以即时展示学生的生字书写，同时触摸板等硬件设

施的齐全可以使其他学生成为小老师,直接在黑板上圈画出笔画不当的地方。学生可以通过第三方的视角审视生字,对同学所写生字的评价可以提高学生对书写汉字的兴趣,同时教师引导学生通过对展示的生字的大小、位置、关键笔画顺序等进行点评,也可以反过来帮助学生更好地书写生字。

　　低年级语文高效课堂的构建是语文教学探究中的一个重要方向,而智慧教育信息生态体系是其最为关键的一把"钥匙"。它不但丰富了课堂教学内容和手段,优化了课堂教学结构,在很大程度上提高了课堂教学效率,而且丰富的网络资源拓宽了学生的知识面,拓展了学生的思维,满足了当今人才培养、社会发展、国家建设的需要。这便要求小学低年级语文教师重视智慧教育信息生态体系的完善,挖掘教育资源,尝试教学创新,优化教学方法,促进教育变革与创新,进一步提升小学低年级语文高效课堂建构水平。

信息科技学科素养导向的大单元教学设计与实施
——以初中Python编程教学大单元整体设计为例

□ 周 祥*

随着2022信息科技新课标的出炉,"人工智能""素养""大概念""大单元""深度学习""合作学习""项目化学习""高阶能力"等全面冲击着人们的认知。大变革缘起于数字时代的快速发展,面对人工智能的挑战,培养高阶思维能力和素养是教师在教学中应思考的新目标。培养学生专家思维,对于学生面对未来真实生活,创造性地解决问题具有重要意义。本文以初中Python编程教学大单元整体设计为例,在理解新概念的基础上,构建"课程→单元→单课"的路径和方法,达成素养目标,构建学生知识的网状图谱,让学生真正做到"活学活用"。

一、"大单元教学""素养"概念的厘析

我们对新概念似懂非懂,比如单元整体教学,不禁让我们产生疑惑,我们的教材不都是一个个内容单元吗?如苏教版八年级初中信息技术教材中第4章《算法与程序设计》,整个单元都是围绕着编程,为什么如今又要大力倡导大单元教学?其实随着素养被关注,"单元"不再局限于内容单元了,而是指素养单元。在2022年《为未来社会培养具有数字素养与技能的人才——义务教育信息科技课程标准解读》一文中共出现37处"素养",并强调新课标实施的重点是:要从"知识教育"转变到"素养教育"。

---

* 作者单位:南京师范大学苏州实验学校

"知识教育"不难理解，我们努力地把大量的"专家结论"传递给学生，但是换位思考一下，比如中考与高考重考一次，你觉得你能考多少？教师总习惯对学生说"把学过的知识还给老师了""学了不会用"，这些被遗忘的及那些无法被激活的"惰性知识"是很难被迁移运用的。当涉及真实生活和现实问题时，在不同的场景下无法进行迁移的学习便是无效学习。这种无效学习导致在教育中产生大量"不健康的胖子"，与素养目标背道而驰，对我们的生活产不出真实价值。如何理解"素养教育"？钟启泉认为，核心素养的核心是真实性。教育是为了让学生面对未来的生活更得心应手，创造丰富多彩的人生。培育人工智能无法取代的素养和能力，也是国家和社会进步的需求。"融会贯通""举一反三"也不能准确地形容素养所强调的一种能力：各方面的知识融合贯穿，形成全面、系统、透彻的理解，形成思维方式，能够有效且高效地使用知识与技能的能力。素养要求在各类知识的基础上，形成网状知识框架，知识之间相互联结，学生会思考、会推理、会判断、会运用，能够应对不同场景。就如我们所推崇的跨学科项目式教学、STEM教育等，都是通往素养目标的路径。这类方法都具有一个特点，便是具有真实性，与我们的生活、工作息息相关。在未来的教学中，联系真实生活去设计教学，才能打通学校教育与现实生活的通道。

可见，作为教育工作者，我们要进行思维革新，只有真正地理解概念，才能深刻把握教育变革。在素养导向下，再来谈项目式教学、STEM教育就不仅仅是为了做完项目，而是通过做好项目去发展学生的素养。

二、初中Python编程教学大单元设计与实施

1.联系真实生活情境设计教学目标

设计教学方案时，第一部分就是教学目标，目标的确立关系到全局。但是我们考虑更多的是"我要教什么？"而在素养的目标导向下，我们应该去考虑能够连通现实的"预期学习结果"，也就是从生活价值去思考整个课程最终能对学生带来什么真实的价值，而不是学完就忘记的内容，或者学了就再也用不到的知识。新课标指出：义务教育第四学段（7—9年级）包括"互联网应用与创新""物联网实践与探索""人工智能与智慧社会""互联智能设计"。编程能力依旧是信息科技新课程中的基石，打好基础，事半功倍。那么以现实世界为基点，结合信息科技的四大素养目标，设计编程大单元教学的教学目标如下：

(1)知识与技能。

通过一个个有趣且很酷的项目任务,让学生在做好项目的同时掌握基础代码与思维逻辑。

(2)过程与方法。

通过编程解决实际问题,在此过程中,学生的思路变得更加清晰,学生学会面对问题时该如何思考,从而提升了信息科技素养。

(3)情感态度与价值观。

以学生为中心的真实性学习,实现学生深度学习,从内部激发学生的兴趣,提升学生协作、沟通、创造力和批判性思维。

2.以素养目标为线索组织单元,迭代累积形成具有意义的认知网络

教学目标的设计是为了统领全局,在明确教学目标的前提下,进行大单元整体设计。在大单元设计中,每一堂课之间存在着关联性,拥有相同的目标(图1)。下面以其中的一堂课——《Python动画之美》为例,分享教学设计中如何达成素养目标,构建学生知识的网状图谱,帮助学生实现真正地"活学活用"。

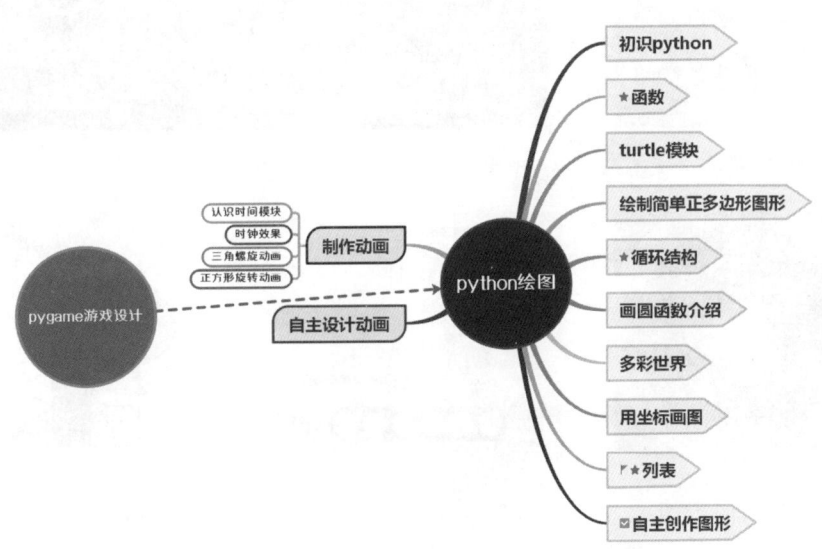

三、课堂实例剖析

Python制作图形简单动画,涉及新的函数与时间模块,新函数与时间模块也是Pygame游戏制作的重要知识。作为Turtle绘制图案到Pygame制作小游戏的过渡章节,本课对于学生回顾及检查学生的知识运用能力、新情境知识转移能力,以及后期制作游戏、建立游戏逻辑思维、激发创造力等都具有重要意义。

1. 学生基础分析

学生通过一学期对Turtle绘制图形的学习和运用,掌握了Python的基本内容,包括Mu-editor软件的使用、变量、函数及定义函数、列表、坐标、循环及嵌套循环、颜色设置等,能够绘制复杂图形(图2~图6),能够结合数学分析能力与编程能力,达到Python绘图的较高水平,为这节课动画的完成打下牢固的基础。为进一步提升学生的编程与创造能力,本节课涉及的新的函数与时间模块,不仅能够让学生学会制作动态图形、提升逻辑思维能力、问题分析能力、知识迁移能力,也为下一模块游戏的开发与制作作铺垫。

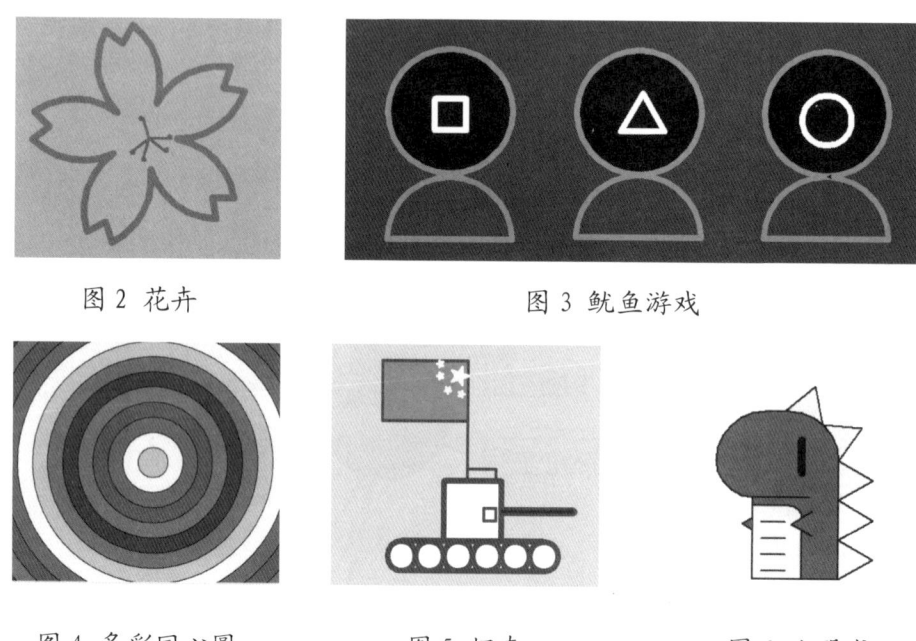

图2 花卉　　　　　图3 鱿鱼游戏

图4 多彩同心圆　　图5 坦克　　图6 小恐龙

2. 课前学习

学生需要通过易加学院完成前学内容,包括动画百年历程微课、逐帧动画原理微课、新函数导学案及前学检测题目，目的是让学生将需要了解和记忆的内容放在课前，课堂时间用于思考。教师通过教师端，查看学生完成情况并打分，以此保障学生前学任务的完成。

3. 揭示主题

用简单的语言，概括前学内容，揭示本节课项目任务，即如今制作动画的方式多种多样，那么如何通过Python制作简单动画，感受动画之美。

4. 项目一：秒针动画（图10）

播放秒针动画，让学生通过了解到的逐帧动画原理，分析秒针动画，并以组为单位总结动画规律（图7），绘制逻辑流程图（图8）。学生在讨论交流的过程中，能够注意到画笔角度随着循环次数而等差递增，但是刷新功能作为新知，对大部分学生来说是很难想到的。喜欢打游戏的同学知道游戏卡顿时通过刷新功能切换到新的画面，同样的道理，如果不添加刷新的指令，那么将无法加载出新的画面。

让学生合作总结归纳流程图是一个非常重要的过程，学生在分析问题的过程中，培养项目逻辑思维，发现和总结规律，同时提升计算思维。

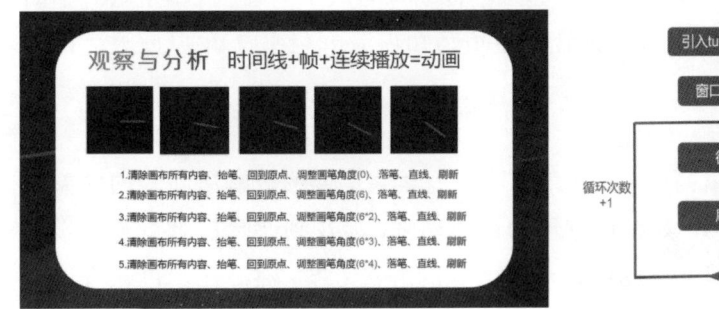

图 7　动画规律　　　　　　　　图 8　逻辑流程图

待学生的思路清晰后，接下来便是通过自主实践，完成秒针效果。学生初次尝试制作动画的过程中，难免会出现各种各样的问题。学生在指出错误原因（图9）的过程中，能够进一步巩固对新函数的理解与学习，进一步懂得每一个新函数的功能。例如：缺少clear()函数，使得旧图没有被及时清理；speed(0)虽然速度最快，但是仍然具有绘图的过程，而tracer()可以直接到达绘制结果；sleep()中的参数代表秒数，在我们秒针项目中，需要设置为1（图10）。

211

5. 项目二：风车动画（图11）

在第一个秒针动画的透彻分析与制作的基础上，布置风车动画，并让学生思考：风车动画与秒针动画的实现有何相同点与不同点。面对新的项目，新的情境，锻炼学生举一反三、融会贯通的能力。

图9 错误典型

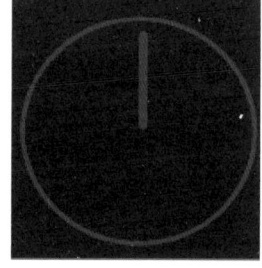
图10 秒针动画

图11 风车动画

留给学生充足的时间完成风车动画，展示几个学生作品，并让学生分享思考的过程。学生的作品会有所不同，如有的学生制作的风车旋转得很慢，有速度却很快，借助差别，让学生去指出其中的道理，进一步巩固新知。通过秒针动画与风车动画，在学生脑海中动画的制作框架逐渐清晰，趁热打铁，接下来让学生填写知识清单（图12），以此攻克课堂重点内容。

6. 项目三：彩色正方形旋转动画

更复杂且有挑战性的任务，往往能够更直接地检测学生是否形成解决问题的抽象模型及多方面知识的综合运用能力。多彩正方形的旋转动画，涉及到课堂重难点及数学分析能力，需要学生数形结合（图13），先讨论分析问题的解决方案，然后在彩色正方形半成品文件中完成旋转动画。教师需要关注每个小组的进度，以及对存在的主要问题进行恰当的引导。在此基础上，学生完成动画，进行展示评价。

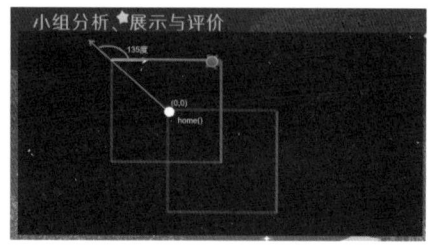

图12 知识清单　　　　　图13 数形结合

7. 拓展延伸

通过这节课的学习与实践，学生已经掌握和理解了新函数的运用（图14），体会到了Python制作动画的强大，感受到了动画之美。但因为理解能力的不同，学生的掌握的程度参差不齐。教师要注重学生层次，设计不同难度的课下拓展任务（图15），开展个性化创作，增强创新能力。要求学生选择适合自己难度的任务完成并上传至易加学院，设置为公开。

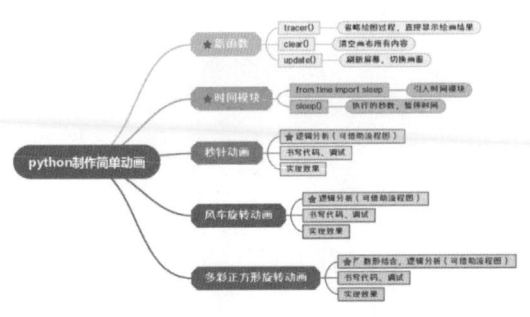 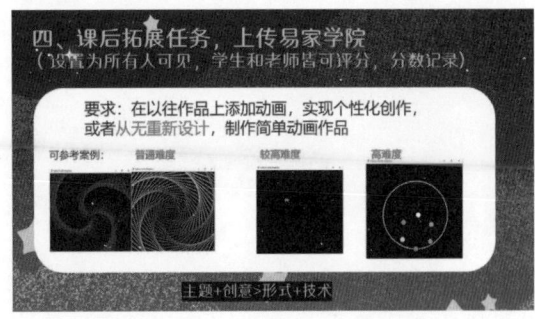

图 14 新函数的运用　　　　　　图 15 拓展任务

Python动画设计案例的设计与实施，如果从一节课来讲，内容非常多，要想达成效果必须进行整体的大单元教学设计，学生必须具备充足的知识储备才可以，本案例就是基于前期若干主题探究，夯实了基础，学生有着相关的知识储备才能顺利实施。通过Python大单元的设计，学生的系统性设计能力、探究能力、创新创造能力有了明显提升。

我们总在呼吁要提升学生的创造力，而创造力与知识之间存在着相互作用的重要关系，学生能够自主构建知识的能力更能促进学生创造力的发展。因此，课堂的整体框架设计至关重要，始终记得课堂不是为了让学生记住"专家结论"，而是为了打造"专家思维"。我们应该从生活价值角度去思考整个课堂和所选知识，让学生能够透过现象看本质，知其然，知其所以然。